校長という仕事

代田昭久

講談社現代新書

2245

はじめに

わが子を〝もっと幸せにする〟には、どうしたらよいのでしょうか？

〝自分の子供が世界で一番かわいい〟と思うのは、当たり前のことでしょう。しかし、他の子供のことなど気にも留めず、わが子の幸せだけを考え、身勝手にふるまう態度は、はたして自分の子のためになるのでしょうか？　それは、孤独で不安定な生き方を、背中で教えているようなものではないでしょうか。

私が、こんなふうに考えるようになったのは、数多くの親子と出会う公立中学校の校長という仕事を経験したからです。

私は、大学卒業後、情報ビジネスを手掛けるリクルート社に就職し、その後は、ＩＴ企業であるトップアスリート社を起業。ビジネスの世界をひた走っていました。ところが、東京都初の民間人校長となった藤原和博氏から後任を託され、42歳で東京都杉並区立和田中学校の校長に就任することになりました。

手前味噌ではありますが、和田中学校はとってもいい学校に近づくことができたと思います。

その理由の一つは、民間企業でのマネジメントの経験を生かし、様々な教育改革を断行したこと。そして、もう一つの理由は、保護者や地域のみなさんが、校長の仕事をよく理解してくれたこと。さらに、自分の子供だけでなく、学校の子供、和田の地域の子供たち、みんなを幸せにしようという暖かな雰囲気ができあがったからだと思っています。

私の5年間の校長生活を振り返りながら、とっても忙しくも、とっても素敵な校長の仕事を紹介します。校長の仕事を理解いただくことが、子供をよりよく育てることにつながります。

わが子を幸せにするには、いったいどうしたらいいのか。この本が、そのヒントになれば幸いです。

目次

保護者を呼んで叱るとき／「出張」という業界用語／19時30分　帰宅。今日も一日、お疲れさま

第2章　変化に富んだ校長の12ヵ月

4月1日　クラスの数はこうして決まる／【よく聞かれた質問　①】クラス分けへの希望は、校長先生に言ってもいいものですか？　また、いつ頃言うのが適当ですか？／4月　入学式、記憶に残るスタートの1日／4月上旬　学年ごとに保護者会を開催／5月　修学旅行と校外学習、自然とのふれあいで生徒は変わっていく／6月　運動会、生徒の心に火をつける真剣勝負／6月　教育実習生の受け入れ／7月　部活動、生徒にとってはかけがえのない時間／8月　夏休み、生徒は休むが先生は休みなし⁉／8月下旬　2学期始業式、夏休み明けは大事なリスタート／9月　新年度への準備、学校説明会と経営方針の発表／9月中旬　生徒会選挙、リーダーを育てる／9月下旬　職場体験、学校の常識は社会の非常識⁉／10月　学芸発表会、力を合わせてひとつになる／11月　面接練習は、将来の就職試験も意識して／12月　区が主催する駅伝大会／年末新年　学校と地域の忘年会と新年会／1月　スキー教室、宿泊行事は急成長の場／2月　高校入試、人生初めての試練にどう立ち向かわせるか／3月　卒業

第５章　校長と情報、民間企業、保護者――校長のマネジメントとは⑵――

第１章　意外と忙しい校長の一日

皆さんは、自分の中学時代の校長先生にどんな思い出がありますか？

「校長先生の顔も、名前も覚えていない」。

こんな記憶だとすれば、わが子が通う学校の校長先生が、いったい何をしているのか、想像することは難しいと思います。校長は、校長室で新聞を読んでいて、お茶でもすすっているのでしょうか。いえ、実際には授業をしていなくても、校内でもっとも忙しい先生の一人が校長なのです。私の杉並区立和田中学校長時代の一日の仕事を紹介するかたちで、お話ししてみようと思います。

皆さんの想像以上に忙しい一日が始まります。

7時30分　最寄り駅を降りたら、校長の自覚をスイッチオンに

「校長先生、おはようございます！」。

駅の改札を出ると、見覚えのある女性から声をかけられる。生徒の保護者じゃないと思うけれど、誰かは、はっきりと思い出せないまま、笑顔で挨拶《あいさつ》を返します。

「おはようございます！　今日もいい天気ですね」。

私が校長になって、初めて知ったのは、校長先生は、地元では「有名人」だということ

です。こちらが知らなくても、相手が知っていることもよくあります。街ゆく人には明るく挨拶をし、横断歩道は黄色信号では渡らず、コンビニでは何を買うかも気を遣うようになりました。

また、有名人はイメージが大切です。たとえ悩み事があっても、眉間にしわを寄せて歩いていたらどうでしょうか。校長のイメージはおろか、学校のイメージもよくありません。学校の行き帰りは、体じゅうからやる気のオーラが放たれ、「希望」があふれ出るように、心のスイッチをオンしていました。特に、夜の帰り道は要注意です。一杯飲んで千鳥足で帰ってはいけない、そんな思いが常にあるため、学校近くの居酒屋には決して行きませんでした。

7時40分　学校への到着は、早すぎず、遅すぎず

学校の朝は、早い。

副校長および生活指導主任の先生は、朝7時すぎには出勤し、校内の巡回をしています。器物が破損してないか、水漏れはないか、お菓子の包み紙は落ちていないか、校内を一回りして安全と異常の有無の確認をします。

副校長は、校長と共に「管理職」という立場にあります。東京都では、校長の代理も務めるという意味で「副校長」という呼び方をしますが、全国の多くの自治体では、先生方のトップであるという意味で「教頭」と呼ばれています。呼び方は違いますが、校長と教職員とをつなぐ大事な役職です。

生活指導主任は、文字通り、生活指導部の責任者です。学校の「主任」と呼ばれるリーダーは、校長が任命するのですが、生活指導主任は、近隣の中学校とも連携をとったり、また、警察との連絡窓口にもなったりと、その仕事内容はとてもハードであり、肉体的にも精神的にもタフな先生にお願いします。全校で20名くらいの教員集団であれば、生活指導部は、普通は各学年の2〜3名で、全体では教員7〜8名ぐらいで組織されています。身だしなみや服装の点検、校内の規則の徹底、それから生徒会活動の支援まで、その仕事の範囲は実に幅広いものです。

副校長と生活指導主任が学校を巡回し、安全確認が終わったら、学校の一日がスタートします。

さて、校長の登校するタイミングは、校内の巡回が終わる7時40分頃がベストです。校長がもし7時20分ごろに学校に来て、自分で見回っているときに危険物を発見してしまったら、副校長や生活指導主任の面目がつぶれてしまいますから。

7時45分　校内の美化は、用務の方のおかげさま

校門を入ると、用務の方が玄関の掃除をしてくれています。生徒が掃除できるところばかりではないので、学校内の美化は、用務の方の支えがあって成り立ちます。

用務の仕事は、校庭や中庭の草花の手入れだったり、校舎の補修作業だったりするので、その日の天候にすごく左右されます。したがって、ありふれてはいますが、最初の話題は、いつも天気の話でした。

職員室に入ると、すでに半数近くの先生が出勤しています。挨拶を交わしながら、まずは、副校長の席のとなりにある出勤簿に印鑑を押します。学校では、タイムカードなどは使われておらず、教職員はこの出勤簿で出退勤管理をされています。

職員室を横切って、隣にある校長室に入ると、用務の方がすでに校長室の掃除を終え、洗面所には、新しいタオルがかかっています。テーブルの真ん中には、校内で咲いている花が飾られています。

鞄を置いたら、もう一度歯磨きをし、息さわやか、口臭予防のリステリンをするのを日課にしていました。

8時00分　副校長とは運命共同体、すべてを共有する

校長室で、副校長との打ち合わせを始めます。

一日のスケジュール、懸案事項の確認、問題になっている生徒や先生方の出勤の様子などの情報を共有します。教育委員会からは、校長と副校長だけが共有する「管理職止まり」という情報も来ます。管理職止まりとなるのは、おもに人事に関する情報などですが、これらの大事な情報も朝のうちに確認しておきます。

ただ、ふだんの朝は、前夜のサッカー日本代表の話題だったり、景気や政治の話だったり、また、家族のたわいもない話で盛り上がります。校長の良きパートナーなのだから、朝の打ち合わせは、包み隠しのない人間関係を構築する、二人だけの大切な時間なのです。

8時10分　学年ごとの朝会を横で聞く

副校長との打ち合わせが終わり、校長室から職員室に入っていくと、8時10分からは学年ごとの打ち合わせが始まっています。

職員室では、同じ学年を担当する先生ごとに、ひとかたまりの「島」になって座席がつくられています。学年主任の席はその島の中心で、後ろにあるホワイトボードを使って、生徒の出欠席の状況と今日一日の動きを確認します。

保護者のみなさんに、「欠席の連絡は8時10分までにしていただくように」とお願いしているのは、この会議の情報共有に間に合わせるためです。8時10分以降にかかってきた電話は、一旦事務の職員が受けて、メモで担任の先生に渡します。インフルエンザが流行ってきて、およそ2割の生徒が欠席した場合には、この時点で学級閉鎖を決めなくてはならないこともあります。

各学年の生徒をどのように成長させていくかは、学年主任の責任とその力量にかかっています。

学年主任を任命するのも、校長の仕事なのですが、経験が豊富なベテランの教員に担当してもらいます。保護者からすれば、担任の先生にはものが言いにくい場合でも、学年主任の先生がどっしりと構えていて、何でも相談できる雰囲気があれば、ずいぶんと安心できるものです。

学校の教育目標に沿いながら、学年の目標を決めたり、また、学年ごとの道徳や学活の内容、校外学習や修学旅行の行先を決めたりするのは学年主任の仕事です。もちろん、最終決定は校長になりますが、学年主任の意向は尊重されるもので、学年全体をリードしていく大きな権限をもっていると言えます。

学年主任には、ぜひとも学年としての特色を出していって欲しいのですが、その方向性が各学年でバラバラだと、学年ごとに隔たりが出来て学校全体としての一体感が無くなってしまいます。校長には、学年ごとの特色を出しながらも、学校としての一体感を強めていく、絶妙なバランス感覚が必要です。

職員室には校長の席はないので、副校長の席のとなりのパイプ椅子に座っています。各学年のホワイトボードに目を通し、学年主任の話に耳を傾けながら、8時15分のチャイムを待ちます。

8時15分　職員室での朝会、校長は最後に発言

朝会は、5分間の連絡会議です。

8時15分のチャイムと同時に職員室の教職員が一斉に起立します。間髪入れずに、副校長の挨拶で朝会が始まります。「おはようございます」の声量によって、先生方の調子も分かります。校長の声量も、常に大きいほうがいい。

副校長からの連絡事項のあとは、日直の先生が司会進行をします。連絡のある先生は、ホワイトボードにあらかじめ発言内容を書き、指名をもらえるように目印に青い磁石をつけておきます。長引かないように、発言者はあくまでも情報の伝達にとどめます。

和田中では、新しい生徒が転入したり、もしくは他の学校への転出があったりする場合には、朝会の冒頭に、その生徒に挨拶をしてもらっていました。

転入生にとっては、登校初日から職員室で挨拶をすることは、かなり緊張することだと思います。でも、右も左も分からず、友達が一人もいない状況で転校してくるわけですから、転校初日は何が起こるか分かりません。先生方には、初日からその生徒を覚えてもらい、何か学校で困っているようなことがあったら、すぐに手を差し伸べてあげられるように環境を整えます。

転校をしていく生徒の時は、やっぱり寂しいものを感じました。在校中は、あまり目立たなかったような生徒が、「いままでありがとうございました。和田中の学校目標、自立貢献を胸に、次の学校では、もっとがんばりたいと思います」などと、健気《けなげ》に言われてしまうと、朝から目頭が熱くなってしまいます。先生方からも暖かい拍手が沸き起こります。

校長としての発言の機会はいつも最後にしていました。よく言っていたのは、「生徒のいい情報があったら、ぜひその生徒に声をかけ褒めてあげて欲しい」ということ。また、「生徒の悪い状況があれば、多くの先生が意識して見守っていて欲しい」ということでした。学校では、どうしても自分のクラスや、自分の学年の生徒だけに注意をむけてしまう傾向があります。ひとりの生徒のことを、クラスや学年を問わず、学校の生徒として意識していくことは、生徒の人数が多くなればなるほど大事なことなのです。

朝会の時間は、わずか5分間なので、緊急の案件がなかったり、残り時間が1分を切っていたりすれば、「私からは、特にありません」と、早々に朝会を打ち切っていました。数分後の8時20分からは、先生方は教室で生徒を迎えなければならないので、少しでも余裕をもって、教室に向かって欲しいのです。

和田中の朝会のスタイルは、試行錯誤しながら、このやり方に落ち着いてきました。このわずか3〜4分の朝会のテンポの良さが、一日の快適なスタートに繋がります。

学校にはいくつも会議があるなかで、この朝会は、その意味では特別です。

8時20分　朝礼（前半）　表彰して、自信につなげる

8時20分には、始業のチャイムが鳴ります。

各教室では、学級委員の生徒の号令とともに挨拶し、先生方が出欠席の確認をします。1、2年生の時はよく遅刻をしていた生徒も、3年生になると、ぴたっと遅刻をしなくなることもあります。もちろん本人の成長もありますが、遅刻の回数が高校への内申書に反映されてしまうので、そのことが遅刻の抑止力になっていることも事実です。

隔週の月曜日は、全校朝礼を行います。各教室前で整列をしたあと、全校生徒が体育館に入ってきます。先生に大きな声で注意されなくても、クラスごとに整然と入場し、全校生徒がさっと整列ができるかどうかは、「落ち着いた学校」のバロメーターになります。おしゃべりが多くなり、列の末尾に、慌てて来た遅刻者が並ぶようになると、注意信号です。

和田中の朝礼では、はじめに表彰式を行っていました。生徒ががんばった結果を多くの仲間に広く知ってもらえるように、部活動の入賞から、作文コンクールでの入選者の発

表、さらには、英語検定、漢字検定の表彰までしていました。表彰する対象は職員会議でコンセンサスを得るのですが、私は、なるべく多くの生徒が表彰される機会があったほうがいいと思っていたので、表彰の機会が増えることには、NOとは言いませんでした。

「校長先生、やりましたよ。今度の朝礼で、ばっちりお願いしますね」と、表彰を受ける生徒が、その賞状を校長室に嬉しそうに持ってきます。

子供は、人の前で認められ、称賛されると、次への励みへとつながっていきます。だから、表彰される生徒にとっては、朝礼は特別な時間と場所なのです。毎年4月に行われる新入生の部活動の勧誘では、「1年生の諸君、私達と一緒に大会で優勝して、あの壇上で、校長先生に表彰してもらおうではないか」と演説する部長もいたり、卒業式が近づいて「うちの部活は、一度も校長先生に表彰されなかったことが、唯一の心残りです」という生徒もいたりします。

校長が表彰した後には、生徒が一言、壇上で挨拶するようにしていました。

表彰式で全校生徒を前にして挨拶をするというのは、生徒の度胸をつける、またとない機会です。ただ、生徒によっては、結構なプレッシャーにもなります。

ある時、卓球部の顧問の先生から、こんな相談を受けました。個人戦で1年生ながら準優勝だった生徒が、表彰式には出たくないと言っているそうなのです。そこで、その生徒に校長室に来てもらいました。「この賞状は一人で勝ち取ったものではないのだよ。卓球部の代表として、みんなに応援してもらって勝ち取ったものだから、『ありがとうございました』って言うことは大事なことだよ」と言うと、次の朝礼では、弱々しくもなんとか挨拶をすることができました。

その生徒が3年生になると、区の大会では敵なしの状態でした。何度も何度も朝礼で表彰され、そのたびに全校生徒の前で堂々と話せるようになりました。そういった変容ぶりを見ると、「機会」によって人は成長していくものだとつくづく感じました。

8時30分　朝礼（後半）　校長先生の話は、短めに

表彰のあとは、「校長先生のお話」です。訓示や説教、精神講話はウケません。また、長い話は、ご法度です。

2週間に一度の朝礼ですが、「この時季にはこんな話をしよう」「この話はいつか必ずしたい」といったことを、私は、いつも手帳にメモしていました。

朝礼の話では、覚えておいてほしい象徴的な言葉を1つ、交えるようにしていました。

聞いているだけでは理解できない生徒もいるので、その言葉を太い筆で書き、視覚的に訴えるように工夫をしました。朝礼ではプロジェクターなどの電子機器を使うわけではないので、模造紙の半分のサイズに、毛筆で太くその言葉を書いて、話しながら、全校生徒に見えるように、高く掲げていました。結果的に、手書きの筆の文字のほうが、インパクトはあったようです。朝礼での話などは、すぐに忘れてしまうことが多いので、そのあと1ヵ月は、その書を昇降口などに張って、もう一度想起させる工夫も行っていました。

朝礼の話が生徒の心に響いているかどうかは、壇上で話していると、一目瞭然です。中学生は正直で、聞き入っているときは、全校生徒の瞳が私の方に注がれ、だれの頭も動かず、体育館には静寂な空気が流れます。今日のネタはとっておき、と自信をもって話していても、大きなあくびをするものもいて、そわそわした集中できない空気のまま終わってしまうこともあります。

朝礼での内容は、保護者や地域の方と共有するためにホームページにその日のうちにアップしていました。保護者からは、「うちでは、ホームページを見て、みんなで感想を言い合っているのですよ」。そんな声を聞くと、ひとつのネタも手が抜けません。

その中のひとつを、和田中ホームページの「校長室」より紹介します。

先週で期末テストが終わりました。みなさんは、どうでしたか。私も、３年生の数学のテストに挑戦してみました。時間も同じ50分で。

やり終えた時には「よし１００点だ」と思いましたが、数学の先生に採点してもらうと、移し間違えや簡単なミスなどで、13点のマイナス。87点でした。（生徒から、ざわめきと歓声!?）

決して、87点を自慢したいのではないですよ（笑）。何が言いたいのかというと、まず一つ目としては、ミスをなくしなさい、見直しをしなさいとか、先生はよく言うけれど、言うのは簡単、実行するのはなかなか難しいものだと思いました。君たちの気持ちがよく分かりました。

そして、二つ目。テストを解いていて、凄く面白い、と感じました。やっぱり数学の勉強は、とても大切なものだとも思いました。30年以上前にした勉強でも、ほとんど解けるということは、勉強したことが自分の血となり肉となり、生きていくうえで何かしら役に立ってきたからだと思います。

無駄になる知識はあるかもしれませんが、「勉強することは、自分の道を切り開く最強の武器になる」のです。

今、君たちのやっている勉強が将来に役に立つのかどうかは、想像しづらいと思います。しかし、一つ確かに言えることは、「今、意味がないと思うから、やらない」という態度は、ただ困難から逃げているだけです。目先の損得にとらわれないで、意味が分かるようになるまで、続けて頑張ってみることも大事なのです。

このことは、普段の部活動などの練習にも言えると思います。自分では意味が分からなかったけれど、無我夢中に続けていたらだんだんと分かってきた、という経験があるのでないかな。

期末テストが終わって、冬休みまであと3週間です。テストが終わったから勉強しない、じゃ、和田中生失格ですね。今、君たちが勉強する理由は何なのか？　自分が勉強するものの正体をみつける、そんな3週間にして下さい。

9時00分　教務主任の「助さん」、打ち合わせをお願いします！

校長が「水戸黄門」で、生活指導主任が「角さん」とすれば、教務主任は、「助さん」です。その助さんとは、頻繁に打ち合わせが必要です。

専門的な話になりますが、生活指導主任と教務主任には、「校務に係る時数軽減」というものがあります。「校務に係る時数軽減」とは、日々の学校業務の大変さを考慮して、その先生が行う授業時間を一般的に定められているものより、何時間か少なくできることを言います。東京都の場合は、生活指導主任と教務主任で合計12時間（コマ）の授業時数の軽減が認められています。軽減された授業時間は、講師の先生などで補います。

このような仕組みが認められているくらい、この仕事は忙しいということです。

さて、教務主任の大きな仕事は、授業が年間計画どおりに実施され、各教科の履修漏れがないようにチェックしていくことです。また、始業式、終業式の段取り、生徒の転入、転出の処理、運動会や学芸会などの行事の計画、教育実習生の受け入れ、定期テストの実施、通知表、成績一覧表の作成まで、校長の確認が必要な重要な案件ばかり。重要な会議の前には、校長と相談して議案の作成をすることも、仕事のひとつです。

ある先生に「教務主任の経験がない校長は、実にたよりないのです」と言われたことがあります。教務主任の仕事が、専門的な知識と正確さを要求される点において、ビジネスの世界では、経理や財務の経験と知識が乏しい社長、といったところでしょうか。その発言の感覚は、よく分かります。

ですから、教務主任の経験がない私は、1年目は、まずは教務主任の仕事ができるように、力を注ぎました。

9時50分　週1回の運営委員会は、職員会議とならぶ重要会議

週1回行われる約40分の「運営委員会」（学校によっては、企画会議ともいう）は、会社でいう取締役会議です。

校長、副校長、分掌の各主任、学年主任、事務など10名程度が校長室に集まり、重要な案件について話し合いを行います。司会は、教務主任が行うのが通常です。この運営委員会を通過しない議案は、職員会議へは提案できません。ただ、取締役会議と違うところは、多数決などをして決裁をはかる機関ではないということ。決裁者はあくまでも校長であり、運営委員会は、いろいろな角度から意見を集約して、大きな方向性を決めていく会議です。

揉めそうな案件に関しては、各主任と事前によくすり合わせをしておく必要があります。また、学年主任からは、不登校の生徒の状態、生徒同士のトラブル、いじめの実態など、細かく報告をしてもらいます。

和田中の運営委員会には、地域住民でつくる「地域本部」の本部長も出席しています。地域本部の活動については、後ほど詳しく説明しますが、地域の住民の方や、お子様が卒業した元保護者の方々約20名が中心となって、保護者組織とは別に、学校の学びを支える任意の団体です。「土曜日寺子屋（通称ドテラ）」や私塾による夜間特別補習授業「夜スペ」などを企画運営しており、先生方との橋渡しをしていく意味でも、この会議での情報交換が重要なのです。

議事録は副校長が作成し、職員会議の前には全教職員に配布し、目を通してもらいます。同じ内容の話を、職員会議で繰り返さないように気を配ります。また、運営委員会であった重要な話は、学年主任から、学年ごとの会議でも話題にしてもらいます。

10時45分　飛び込みで「授業観察」

教育委員会は保護者へのアンケート調査を行っていますが、そこで必ず出てくるのが「教員の資質を向上させてほしい」という要望です。ただ、人間の資質を短期間に向上させるということは、相当に難しいものです。

私が以前に勤務していたリクルート社で、企業の人事部への営業活動をしていたころ、

「うちの社員の資質を向上させて欲しい」というお客様の要望を受けたことがありました。新入社員、中間管理職などの階層別の大規模な研修を提案し、実施してもらいました。

しかし、一向に、社員の資質が上がる気配がありません。そこで、上司にどうしたらいいか相談すると、「人間の資質なんて簡単には向上しないからこそ、この商売が成り立つのだぞ」と一言。妙に納得してしまった覚えがあります。

学校においても「教員の資質」の向上は、「社員の資質」の向上と同じように、簡単には対処できない問題ではありますが、非常に重要で、長期的に取り組んでいかなければならないテーマです。1日に1度は、教室に飛び込んで授業に参加し、先生方の授業の様子や生徒の取り組みを観察するようにしていました。いわば「授業参観」ならぬ「授業観察」です。

教員の経験はない私でも、いい授業をしているかどうかは、ドアをあけて教室に入った瞬間に分かるものです。特に、後ろの方に座っている生徒の表情やしぐさをみれば、授業の良し悪しは、即座に分かります。指導力のない教員の授業では、あわてて背筋を伸ばす生徒、何かを机の中に隠そうとする生徒が、何人か。集中していないし、視線も教員を向いていません。

その一方で、授業力のある先生は、凛とした学ぶ雰囲気が教室中に漂っています。授業力のある先生に共通していることは、声の張りと大きさ、話すリズムとテンポがいいということです。

一般的に、「校長による授業観察」は、どの学校でも良く行われていることです。校長によっては、それが生きがいになっている先生もいると聞きます。ただ、私の場合は、「教員経験のない校長では、授業観察に来てもろくなアドバイスももらえない」と、先生方に陰で言われているのではないかと心配でした。そこで、指導教授と呼ばれる先生の指導の仕方や、市販されている参考書をもとに、よい授業かどうかをチェックする基準を作り始めました。

指導教授とは、各学校を回って授業観察をし、授業技術を教える専門の先生で、教育委員会から派遣されてきます。杉並区の場合は、その指導教授は、主に退職されたベテランの校長です。特に、3年目までの新人教員には、月2～3回の授業観察を行い、アドバイスをもらえるようになっています。このときは、私も一緒に付き添いました。

指導教授がチェックするのは、教科ごとの専門的な授業技術。指導教授の手元をのぞくと、たとえば「板書（黒板にチョークで文字を書くこと）の位置が悪い」「発問（生徒へ投げかける質問）が、分かりづらい」「手を上げている生徒に気が付かない」「時間配分が悪い」など、厳しい言葉がならんでいます。なるほど、そういった視点でチェックすればいいのかと、指導教授の指摘を見て、私の方も勉強になりました。

そこで、その指導を参考にしたり、また、授業指導書を読んだりして、先生方の「授業評価シート」を作成しました。「授業の挨拶は一斉にできたか」「宿題、忘れ物をチェックしているか」「授業の狙いが明確になっているか」「声は後ろまで通っているか」「ワークシートは分かりやすいか」「ついていけない生徒がいないか」、など、12項目を4段階で評定し、授業観察の際にはまとめていました。

これらの指導ポイントを先生方にも公開し、共有をはかりました。これによって、個々の先生の弱みだけではなく、学校全体としての強みや弱みも把握できます。

こうした、「授業評価シート」をつくり、学校内で共有し、個別の面談では、この結果に関して意見交換をしていました。教員経験のない校長だからこそ、固定概念をもたずに、こういった取り組みができ、私の授業観察も次第に先生方に納得してもらえた気がします。

12時25分　「検食」＝「給食の毒見」、というお務め

学校給食は、生徒が食べる前に、必ず教員の誰かがあらかじめ「毒見」をすることになっています。

これは、食中毒を防いだり、味付けなどを確認したりするために行われています。数年前の映画になりますが、ＳＭＡＰの木村拓哉さんが主演した時代劇「武士の一分」という映画では、木村さんは殿様の毒見役で、その際に食べた貝の毒にあたり失明をしてしまいます。江戸時代の毒見役は足軽階級の下級武士が務めていましたが、学校では、責任者である校長のお務めとなっています。

栄養士が、生徒や教員に配膳されるよりも20分ほど前に、給食をもってきます。出来立てだから、とても美味しい。検食より「献食」と呼んだほうが適当かもしれません。

「この魚はどこの産地ですか？　うまいですね」「季節にピッタリのメニュー、ありがとうございます」といった評価から、「子供にとっては、ちょっと辛いのでは？」「スープは煮込みすぎではないですか？」といった辛口評まで、栄養士が工夫を重ねた料理なので、できるだけ細かくフィードバックすることを心掛けていました。

ただ、和田中では、校長の検食は年間50日程度でした。残りの１５０日は、副校長に検

食をしてもらい、私は校長室で、生徒たちと一緒に給食を食べるようにしていました。

クラスの出席番号順に4〜6名がひと班になって、自分の教室から給食を運んできていました。

男子の場合はいろいろと質問をしてくるし、勝手に盛り上がるので気楽な時が多いのですが、おとなしい女子だけだと会話に困るときがあります。そこで始めたのが、自分の座右の銘について、みんなの前で話し、校長がその言葉を色紙にしたためる、というもの。

色紙の表面には、まずは、私の座右、「最善を尽くし、そして一流であれ」と書きます。そして、その言葉の意味と、なぜこの言葉を選んだのかを話します。次に、生徒が同じように、自分の座右の銘について語ります。私は、それを聞きながら、色紙の裏面にその言葉を墨と筆で書いていきます。

ひとり一人の座右銘には、中学生らしい、それぞれの夢や希望、悩みが見え隠れしています。

校長室にいて、ひとり検食するのも気楽でいいのですが、生徒と話をしながら「健食」するのも、楽しいひとときでした。

12時55分　昼休み　校長室は、第三の保健室

校長室は、校庭の見える日当たりのよい位置に、採光もよく、広々と設計されている場合が多いものです。それに対して、和田中の校長室は、生徒玄関のとなりで、階段横の日当たりの悪い場所に、こぢんまりと位置しています。私は、むしろ生徒が気軽に入って来やすい位置にあると思って、気に入っていました。

校長室に入って来やすくする工夫として、「宇宙兄弟」「ブラックジャックによろしく」「とめはねっ!」など職業にまつわる200冊ほどの漫画を校長室に置いています。

昼休みには校庭を飛び回り、いつも元気がある生徒であれば心配はいらないのですが、なかにはその輪の中に入れない生徒もいます。そんな生徒にとって、保健室、図書館は安心できる居場所で、図書館は、第二の保健室とも呼ばれています。

そして、校長室も保健室や図書館と同じように、ほっとできる居場所になればいいと思い、そのきっかけにと漫画を置いたのでした。

「校長先生、漫画読んでもいいですか?」

生徒は、ふらっと入って来ます。「いいよ」と軽く返事をして、こちらから話しかけるわけでもなく、私も自分の仕事をしています。静かに読んでいても、5時間目の午後の予

鈴が鳴った時には、「また来いよ」と声をかけます。その表情を見れば、生徒の状態も分かります。

13時15分　1日1時間、450名の生徒の顔と名前を覚える

私が、先生方から褒めてもらったことが、ひとつあります。

それは、「全校生徒の名前と顔を覚えている」ということです。全校生徒、約450名の名前を覚えることくらいは、私は当然のことだと思っていましたが、「こんなに全校生徒の名前が出てくる校長は初めてです」、と何人もの先生に言っていただきましたので、そのとおりなのでしょう。

先生方がそう言うのも、校長が生徒のことを良く知っているのは、教員にとってはとても嬉しいことだからなのです。たとえば、教員が校長に相談に行った時、生徒のことをすでによく知っていれば、問題解決も早いし、アドバイスの内容も違ってきます。

ただ、日々の多忙な仕事の中では、生徒の名前を覚える作業はついつい後回しになってしまいがちです。そこで、1日1時間は、他の仕事を何も入れないで、このことにエネルギーを注ぎ込むようにしていました。

私の場合は、「よのなか科」（後の章で詳しく述べます）の授業で教壇にたち、全校生徒と直接触れ合っていたので、名前を覚えなくてはならない環境にはありました。そのなかでも、月にのべ約1，000枚、生徒の書いたワークシートの感想に校長のコメントをする作業がありました。その際に、クラスごとの顔写真が並んだアルバムを横に置き、ひとり一人の写真を見ながら、名前と顔、そしてコメントからにじむ生徒のキャラクターの3つを一致させていきました。

というのも、名前を覚えるのにはコツがあって、名前と顔の2つの情報だけを覚えるのは難しいのですが、その2つの情報に加えて、たとえば、出身小学校、部活、兄弟、そして文章の書き方などを関連させて覚えるほうが、ずっと楽だし、忘れないのです。これは関連記憶術と呼ばれるものです。

学期末には、通知表の成績に目を通しながら、生徒の成績を頭に入れていました。それぞれの名前と顔を思い出しながら、「おっ、頑張ったな」とか、「おい、しっかりしろ」などとつぶやきながら印鑑を押す作業は、全校生徒の顔と名前が一致しているか、学期末の総復習でもありました。

14時30分　校長の2種類の印鑑

校長は、日々2種類の印鑑を押しています。

一つは、「公印」と呼ばれるもの。「和田中校長ノ印」と書かれた3センチ四方の角印。そして、もう一つは、「私印」と呼ばれる自分の名前が入った丸印です。

郵便局の口座を通じて、給食費や教材費を始めとする支払いや、教育課程の届出や人事関係の書類には、正式な公印を押します。また、給食の食材や調味料を提供する業者との契約書も公印。通知表や修了書、校内で使う表彰状に押すのも公印です。

その一方で、部活動の引率の許可や、栄養士からの給食の材料や残飯の量の確認など、数えればきりがないほど細かな手続きには、私印を押します。また、教育委員会からは、週に50通近い通達文や調査書類が来ますが、校長、副校長、事務職がそれぞれ確認したことを示すために、私印を押します。

夕方ころには、印鑑を待つ書類が、校長机の横の箱に、うず高くたまっていきます。すべての書類に多くの時間をさくわけにはいきませんが、特に注意をしながら押している書類のひとつが、養護教諭の持ってくる保健日誌です。そこには保健室に来た生徒の名前とその症状が書いてあります。

「彼がけがをしていたのは、体育の授業でやったのか」「あのクラスでは、風邪が流行ってきているな」。そこに記入されている生徒の顔を思い浮かべながら、印鑑を押す。ここに押すのは、私印です。

15時00分　視察への対応

学校には、いろいろな来校者がやってきます。

そのなかでも、「視察」という学校特有の文化があって、先進的な教育活動をしている学校を訪問して、授業を見たり、校長の話を聞いたりして、見聞を広めるといったものです。先生一人が単独で視察する場合もあれば、教育委員会単位や自治体の議会単位で視察する場合もあります。学校の中だけにいては、どうしても井の中の蛙になってしまうので、私自身も、年に2〜3回は視察に行っていました。

ありがたいことですが、和田中には、年間約1，000名を超える視察者が訪れました。遠方より来てくださる方々もいらっしゃって、なるべく丁寧な対応を取りたいのですが、それでも、自分の学校のことはおろそかにできないので、訪問日を週に1〜2回に集約し、授業が終わった午後の3時ごろから1時間程度、話をするのが通常でした。

そんな視察の中でも、忘れられないものがありました。

それは、長野県青木村の教育長はじめ、校長、教員など、12〜13人ほどが、小型バスに乗って来た視察です。その視察リーダーは、青木村の中学校で教員をしていた、私の兄でした。

青木村の視察の時は、いつにも増して緊張し、気持ちを込めて説明をしました。

その視察が終わり、しばらくしてから、「いろいろと新しい活動に取り組み始めました」という報告が、青木村の教育委員会から入りました。

和田中の「朝の脳トレ」を参考に、全校で「朝ドリル」を開始。学力を把握する方法を、和田中方式への変更。「土曜日寺子屋」ならぬ「放課後寺子屋」を始め、地域の方々を巻き込んで補習授業を始めた、というのです。

視察の後に、こんな報告を受けたことはほとんどなかったので、その理由を聞いてみました。「視察に行くときには、自分の学校には到底できないと思い込んでしまいがちです。でも、代田先生の弟さんが実践していることに、とても親近感が湧いたし、実際にできそうな感じがした」そうです。

わずかな視察の時間でも、視察を受ける側と視察する側の意識が合えば、大きな成果が挙げられるものだと、改めて感じました。

16時00分 「ＰＴＡ」ではなく、「保護者の会」の会議に出席する

和田中の保護者組織は「ＰＴＡ」ではなく、「保護者の会」と呼んでいます。私が校長に就任した平成20年度に「保護者の会」として改組しました。まずは、その経緯について、説明します。

私が校長に就任した平成20年4月、和田中のＰＴＡは、会長のなり手が見つからなくて困っていました。前年度のＰＴＡの会長からは、年間１００日近くは、この仕事のために費やしていたという話を聞きました。これでは、勤めに出ていたり、介護や育児に手がかかったりしている保護者では、会長に手を挙げることは難しい。また、学校のＰＴＡの仕事に関わったために、自分の子供がおろそかになってしまうようでは、本末転倒です。ただ、「ＰＴＡの役員のなり手がないといっても、ＰＴＡの活動を否定しているわけではない」、そんなことも話してもらえました。

調べてみると、ＰＴＡのあり方については、全国各地で様々な論争になっており、特に

役員のなり手がいないことに関しては、和田中に限った問題でもなさそうでした。

そもそも、ＰＴＡの制度は、戦後、専業主婦が占める割合が多かったころに設計されたものであり、現在、共働きの家庭が６割近くになっている状況では、勤めにでていない一部の保護者にしわ寄せがいってしまいます。さらに、加入する義務はないにもかかわらず、現実的には強制加入になってしまっている状態です。

そこで、問題の根本を解決していこうと、前年度のＰＴＡの役員の方々と話し合いを続けました。

まずは、Parents（保護者）とTeacher（教員）が、同じ組織の構成員ではなく、純粋に保護者だけの構成員としました。そして、義務や強制によって加入するのではなく、自主的に参加する組織である、と意識を浸透させていきました。

次に、今までの活動を一旦棚卸しし、仕分け作業を行うことにしました。

まずは、これから先も継続し、もっと充実させていかなければならない重要な活動としてあがったのは、子供の環境づくりや、学校の行事などのサポートでした。「地域本部と連携すれば、子供たちの学習環境はもっと充実させることができる」「学校の行事は、もっと多くの保護者に参加してもらいたい」といった積極的な意見が出ました。その一方で、「先生方とのスポーツ大会や文化交流などの行事は、優先順位を下げていってもいいのではないか」という意見が出ました。

そこで、その年に保護者の自主的な組織として、原点回帰の意味を込めて、「保護者の会」としました。そして、会長や役員ばかりに負担を集中させずに、なるべく多くの保護者が参加する仕組みへと改善させていきました。

校長としては、「保護者の会」には、みんなが率先して参加し、役員選出の際は候補者が乱立するような組織であって欲しいと思います。年を追うごとに、そんな組織に近づきつつある実感がありました。

「保護者の会」の定例会議である運営委員会も、年を追うごとにスリム化して、年間6〜7回程度になり、また広報誌やネットでも補足されるようになりました。この会議には、保護者が60名ほど参加するのですが、できるだけ情報共有しようと、学校での課題やネガティブな情報もできるだけオープンにしていきました。学校で起きている課題をどこまで保護者にオープンにするかは、生徒の個人情報が絡むだけに、時にデリケートで難しい問題です。しかし、できるだけ正直に、誠実に語りかけることで、課題を共有してもらい、学校との信頼関係を築くことをこころがけていました。

たとえば、次にあげるのは、学芸発表会後の運営委員会での挨拶です。

先週の学芸発表会、多くの保護者の会の皆様にご協力をいただき、無事成功裡に終えることができました。本当にありがとうございました。優勝して泣き、優勝できなくて泣き、そんな経験は、ひとり一人の貴重な財産になっていくと思います。保護者と教職員のコーラスも、何か熱いものを、子供たちにも伝えることができたと思います。

さて、保護者の皆様のなかからもご指摘をうけましたが、反省点としては、他のクラスが発表している最中におしゃべりする生徒が見受けられたことです。これに関しては、私の責任が大きいと感じています。

実は、私のほうから先生方へ、当日はなるべく生徒を叱らないように、というお願いをしていました。先生に怒られるからではなく、自らを律して、その発表に耳を傾けて欲しいという期待と願いからです。当日、先生方は、おしゃべりする生徒に注意することを随分と我慢していたと思います。和田中生のまだまだ未熟なところを感じています。

早速、今月は「人の話を聞くこと」をテーマとして、全校で取り組んでいきたいと思っています。保護者の皆様のご協力もよろしくお願いいたします。

17時30分　「校長先生、事件です」

「校長先生、事件です」。

生徒に突発的な事故が起こったとき、養護教諭が校長室に入ってくる時のお決まりの言葉です。しかし、その声はいつも冷静沈着。

養護教諭は、生徒の日常の健康管理にとどまらず、怪我をしたり、発熱をしたり、突発的な事故にも迅速に対応しなくてはなりません。しかし、いつも落ち着いて対処をしてくれていたので、私は慌てたことはありませんでした。

スポーツの世界では、強いチームをつくろうとする時、攻めのオフェンスと守りのディフェンスであれば、まずは守りのディフェンスを強化し、失点を許さない、安定感のあるチームづくりが王道です。

学校経営にも似たところがあって、よい学校づくりをしようとすれば、まずは守り、つまり、何か事件や事故が起こった時に冷静に対応できるように、緊急時のマニュアルを掲示し、普段から訓練をしておくことが大事です。

実際に、学校現場では、小さなものをふくめれば、ほぼ毎日といっていいほど事件が起こっています。特に、放課後には、生徒の解放感からか、「いったいどうしてこんなことをするのか」と信じられないような事件も起こります。校長は、学校で起こったことの第一次責任者になります。もちろん、未然に防ぐことも大事ですが、その対処と責任に追われているのが現実です。

19時00分　校長が保護者を呼んで叱るとき

子供が、規則を破ったり、人を傷つけたりしたら、しっかりと反省させ、社会に通用する大人へと更生させていくのは、大人の役目です。

しかし、中学生ともなると、親や教員の言うことを素直に受け入れられない時期があります。また、万引きをして警察にお世話になったり、喧嘩で友達に大きな怪我を負わせてしまったり、ここで猛省させないと、その後の人生がだめになってしまいそうな時もあります。そういう時は、いよいよ校長の出番です。

校長室で叱るときは、他の生徒の目にふれさせたくないという配慮から、生徒が完全下校をした遅い時間からになります。

対象となる生徒と一緒に、保護者にも来ていただきます。学校からは、学年主任、クラス担任、場合によっては、生活指導主任も同席します。全員がそろったところで、まずは、事実を確認。そして、先生方から一言ずつ生徒に言葉をかけ、続いて保護者からも一言もらいます。その後、生徒からの反省の弁。「自分のやったことの、何が、どうしていけなかったのか」。そして、「これから、どうするのか」、大人たちの前で、自分の言葉でしっかりと話してもらいます。

そして、最後に、校長からコメントをします。

私の場合は、どちらかというと、理屈抜きで自分の思いを伝えていました。「このようなことになってしまい、悲しいこと」。そして、「ならぬことはならぬ」「人として間違っていることを、決してしてはいけないこと」を、強く言い切っていました。

「ならぬことはならぬ」というのは、江戸時代、会津藩の掟で、当時は「什《じゅう》の掟」と呼ばれていました。この掟の素晴らしいところは、子供たち自らの意思で掟を守っていけるように、お互いの約束事にしていたということです。

子供に、同じ過ちを二度と犯さないようにするには、自分の悪かったことを論理的、合理的に納得させることも必要です。しかし、感覚的に善悪の判断ができることも大事で、子供の感情的な部分に訴えて、子供と大人との本気の約束事を結ぶことも大切なことです。

母親を泣かせてしまったことで、自らの過ちの大きさに気付き、「もう二度と、お母さんを泣かせるようなことをしません」と涙ながらに約束する生徒の記憶には、自分の過ちが深く刻まれます。

そして、最後の最後は、「今回のことを機会にして、立派な人に成長して欲しい」という言葉で締めくくっていました。

こうした機会をつくることで上手くいくケースもあるのですが、実際には、その後の態度に、変化が見られないこともあります。また、在学中は良くなったように見えても、卒業後に、残念ながら再び過ちを犯してしまったケースもあります。

高校を退学になったというような連絡を受けた時は、「もっとできることがあったのではないか」と思ったり、「中学生ではすでにもう遅いのか」と悩んだり、人を育てることの難しさを痛感します。

「出張」という業界用語

ここまで、校長の一日を見ていただきました。

ただ、こうした一日の中でも、週に2〜3回は、学校を半日程度、離れなければならないことがあります。区役所で行われる校長会や地域の会議、また、教育委員会事務局との打ち合わせや研修などへの出席です。

そのような時、学校では「出張」する、といいます。企業で出張といえば、遠くの地方都市への出張、もしくは、海外出張をイメージしますが、学校では、たとえとなりの中学に用事で行く場合でも、学校を離れる時は、出張というのです。

校長をはじめ教職員は、出張する場合には、副校長にその連絡をします。そして、職員室の一番大きなホワイトボードには、その日出張する教員の名前、時間、行先が記入されていて、全教職員が共有できるようにしています。

副校長も、校長と同じように、出張にでることはあるのですが、学校の安全が保たれるように、校長、副校長、二人とも同時に出張ということは、無いようにします。

19時30分　帰宅。今日も一日、お疲れさま

校長室の電気を消し、職員室を通り、下駄箱に向かいます。

その時、職員室には、約三分の一にあたる7～8名の先生方が残って残業をしています。なるべく早く帰宅することを促しつつ、一言二言、先生方に声をかけながら、退勤します。校長がいつまでも残っていたら、他の先生方が帰りにくいだろうという思いから、18時くらいに退勤することもありましたが、現実にはなかなか実行できませんでした。

教員の残業時間について言えば、中央教育審議会の調査によると、平成18年度の中学校における教員の平均残業時間は、およそ2時間10分。これらは、民間の残業時間の4倍にあたる数字です（※1）。実際には、教材の研究や授業の準備など、学校で処理しきれない仕事を持ちかえっている先生方が多いので、この数字以上に教員の労働環境は悪いと言えます。

後に詳しく述べますが、校長が現場でまず取り組まなくてはならないのは、教員の負担感の軽減です。経済が低迷しているなかで、企業の中には、もっと労働環境が劣悪で、過重労働を強いられている方々もいらっしゃると思いますが、問題は、その労働時間数以上に、教員の本来の仕事である、授業に打ち込むことに時間がとれていないことだと思いま

す。

この問題に関しては、行政や教育制度改善への働きかけが重要なのですが、校長も、その無策を批判するばかりではなく、教員の負担軽減に向けて具体的にしっかりと取り組んでいかなくてはいけないと思っています。

これはベテランの先生から聞いた話ですが、「昔は、遅くなると職員室で一升瓶を出して、お酒を飲みながら仕事する教員もいた」そうです。しかし、今ではとても信じがたい話です。先生方同士で飲みに行くという文化も、随分減ったと聞きました。

私の場合、自宅のある鎌倉市から東京杉並の学校まで、通勤時間が1時間50分くらいかかりましたので、翌朝のことを考えるとどうしても躊躇《ちゅうちょ》してしまい、翌日に学校のある月曜日から木曜日に飲みにいくことは、ほとんどありませんでした。

今日はがんばったなぁ、と自分で自分をほめてやりたい特別な日は、グリーン車両に乗りました。そして、ゆったりと座り、缶ビールを開けて、がんばった自分に一言、

「今日も一日、グッド・ジョーブ！」

※1　中央教育審議会『今後の教員給与の在り方について』33ページ、平成19年3月29日
http://www.mext.go.jp/b_menu/shingi/chukyo/chukyo0/toushin/07041100.pdf

第2章　変化に富んだ校長の12ヵ月

学校の一年は、四季おりおりに様々な行事もあり、とても変化に富んでいます。私は5年間校長を務めましたが、校長就任1年目は、次から次へと起こる変化の激しさについていけず、人生の中でもっとも長い1年のように感じました。しかし、一年の流れを把握できるようになると、大きな流れはほとんど変わらないので、2年目以降は、そのスピードがどんどん加速していく感覚でした。

ある時、ベテランの先生に「学校の1年って早いですね」と話をすると、「校長先生はまだまだですよ。私なんか、3年あっと言う間ですからね」と苦笑いをしながら、会話をしたことを覚えています。その先生は、1年生が入学してから卒業するまでの3年間のシナリオを描いて、先手、先手を打ってやっているのだという話をしてくれました。

前章では、校長の一日についてご紹介しました。続いてこの章では、校長の一年について、保護者のみなさんには見えない裏事情も含めてご紹介します。

4月1日　クラスの数はこうして決まる

「○○先生！　ようこそ、和田中学校へ」。

新しく赴任されてきた先生の下駄箱と机の上には、こんなメッセージカードが貼られています。公立学校では、毎年約4分の1程度の教員が入れ替わり、新陳代謝を繰り返しています。何度か転任を経験した先生でも、新しい学校の特有な慣習になれるまでは、かなり苦労するといいます。

4月は新年度の始まり、1年の中でもっとも大切な月です。新しく来られた先生方と一緒に、新入生を迎え入れ、順調にスタートできれば、「この1年も、なんとかやっていけそうだ」という希望が見えてきます。

さて、新年度のことを書き始めるにあたって、生徒数と学級数の関係について、少し専門的な話をします。

中学校の場合、1学級の生徒数は40人以下と規定で定められています。たとえば、4月当初の時点での1学年の生徒数が80名であれば、40名ずつの2学級となりますが、81名であれば1学級増えて3学級が確定します。実際に、4月当初に、生徒数がちょうど160名で1学級40名ずつの4学級だった学年がありました。また、生徒数が161名となり、1学級増え、32～33名ずつの5学級だった学年も経験しました。

転勤シーズンの3月末になってからの、生徒の急な転校や転入もけっこう多く、生徒1名の転出入が、1学級の増減につながる場合があります。あと数名、転出入があるとクラスが増減するかもしれない、というギリギリの生徒数のときはどうするかといえば、4月を迎えるまで、クラス分け、担任の配置、教室や椅子机、下駄箱の位置など、すべて2つのパターンを想定し、準備を進めています。

校長は、年度末の3月の終業式が終わるまでには、新年度の新しい人事組織案の発表を行いますが、それはあくまでも暫定的なものです。4月当初に生徒人数が確定し、クラスが決定したときに、初めて、正式な組織人事が決まります。入学式が、どの学校でも4月1日とか2日に設定されていないのは、このためです。

ちなみに、空いている教室数や他の学年とのバランスがあるので、クラス数が多くなることは一概には喜べないのですが、教員にとっては、一クラス40名よりも33名のほうが、はるかに目を行き届かせる教育が可能です。

【よく聞かれた質問 ①】

質問：クラス分けへの希望は、校長先生に言ってもいいものですか？ また、いつ頃言うのが適当ですか？

回答：まず、クラス分けを行う、一般的な時期と手順についてお話しします。

どの学年に、どの教員を配置するかは校長が決めますが、生徒たちをクラス分けし、どの教員がどのクラスを担任するかは、学年主任が中心となり、3月に入ってから準備を進めていきます。

一般的なクラス分けの手順についてですが、まずは、友人関係でトラブルを抱えていたり、発達障害があったり、また学習面でつまずいていたりと、手厚くフォローしていきたい生徒を分けます。次に、男女別に、期末テスト成績をもとにして振り分け、一旦クラスを形作ります。そのうえで、リーダーシップのある生徒がいるか、合唱コンクールでピアノが弾ける生徒がいるか、双子の兄弟は一緒になっていないか、ひとつの部活動で固まりすぎていないか、などいろいろな条件を組み合わせてクラスを作りあげていきます。

クラス分けに対する要望を保護者の方から受けることがあります。そんな時は、「まず、保護者のご要望をすべて聞き入れることはできない」ことを前置きしておきながらも、その生徒と、また他の生徒にとっても良いと判断できる場合には、学年主任と相談しながら、反映させることもあります。

校長に要望すること自体は、悪いことではありません。クラス替えが終わった直後の

4月早々に、「来年は違うクラスで」といった要望もありますが、1年間過ごしていくうちに当初の問題が解消してしまうこともあります。もし要望するのであれば、クラス分けが始まる1月〜2月に伝えておくべきだろうと思います。

4月　入学式、記憶に残るスタートの1日

春、桜の花が満開に咲き誇り、新入生が校門をくぐってくると、これから始まる新しい出会いに胸が躍ります。

入学式での校長の式辞は、新入生へのメッセージを伝える場でもありますが、新年度の冒頭で、保護者や来賓の方々に校長の姿をアピールする機会でもあります。

ですから私も、姿勢に気を付け、用意した原稿を見るのではなく、自分の言葉で話すことを心がけていました。

ある年の入学式でのことです。

新入生が体育館へ入場してくるとき、2、3年生の生徒からひときわ大きな拍手と歓声が沸き起こったのです。その瞬間は、何が起こったのか分かりませんでした。「凄い人気のある新入生がいるのかな」とも思いました。でも、新入生を先導する担任の先生の顔

が、真っ赤になっているのを見て、その意味がようやくわかりました。1年前に新人教師として配属され、この年、初めて1年生のクラス担任をもつことになった先生への、祝福と応援のエールが送られていたのです。

入学式は、生徒にとっても、そしてまた教員にとっても、人生の記憶に残る大切な一日です。

ところで、教員に特徴的なファッションとして、スーツ姿にスニーカーといういでたちがあります。そのセンスに疑問を抱く保護者の方々もいらっしゃると思いますが、教員は、地震や火災、不審者への対応の時などにも機敏に動けるように、靴を履いていなくてはいけません。サンダルなどを履いていたら、注意するのは、校長の役目です。

ただ、晴れの入学式の時に、正装姿で白いスニーカーを履いている先生がいて、その時ばかりは、注意をしました。

「卒業式は、革靴でお願いします」。

4月上旬　学年ごとに保護者会を開催

私が学校現場に来てすごく驚いたのは、先生方のスピーチがとても上手なことです。

話が上手なビジネスマンは数多くみてきましたが、それでも、先生方のスピーチ力は相当なものだ、といつも感心していました。つかみあり、笑いあり、話し方に抑揚があって、最後には必ず落ちがついていました。難しい年ごろの子供たちに話しているうちに、いつのまにか鍛えられ、話のプロフェッショナルになっているのだろうと思いました。

年度初めには、学年ごとに保護者会が開かれますが、教員は、子供の心をつかむだけでなく、保護者の気持ちもつかまなければいけません。しっかりと感情に訴えて、「この先生に任せれば安心」と思わせるところはさすがです。保護者を笑いの渦に巻き込みながら、自己紹介や今年度の抱負を話している様子を見ると、私も安心します。

学年主任からは、この1年間の学年の目標や指導方針の発表をして、その後、クラスごとに分かれて茶話会が行われ、保護者との親睦を深めます。

3年生の4月の保護者会は、「進路説明会」となります。

就職する生徒が少なくなり、現実的には、「進学」にむけた説明会。一口に都立高校といっても、難関大学への進学を目指した「進学指導重点校」や、科学分野でのスペシャリストを育成する「スーパーサイエンス・スクール」、企業での長期間の就業体験を授業とみなし、その企業にも就職可能な「デュアルシステム導入校」。また、小学校や中学校で、これまで十分な能力を発揮できなかった生徒を受け入れる「チャレンジスクール」や「エンカレッジスクール」など、様々なタイプの学校があって、その選択肢が広がっています。

また、試験方法も、2種類があります。学力検査はなく、集団討論や個人面接、小論文などを行う「推薦入試」と、国語、数学、英語、社会、理科の5教科の中から、学力検査を行って合否を判定する「学力検査に基づく入試」です。入試内容はそれぞれの学校によって違います。

したがって、保護者にもしっかりとした理解を促す必要があります。より詳しく理解してもらうために、進路指導を担当する高校の先生や、進学情報を扱う塾の先生を講師として招くこともあります。最上級生になったタイミングで、生徒にも、親にも意識を変えてもらわなければなりません。

校長からは、ひとつ、重要な話をします。それは、高校へ「推薦入試」を受けることができる生徒の「基準」を明示することです。

高校入試が近づいた1月頃、学力検査を行う一般入試を避けて、推薦入試に急に駆け込んでくる生徒がいます。しかし、推薦は、誰にでもできるというものではありません。

遅刻を繰り返していたり、法に触れるような行為があったりした時は、高校へ推薦することはできないことを、あらかじめこの時期に伝えておきます。これを言うことで、学校生活が乱れないための抑止力にもなりますが、それ以上に「学校が推薦する」ということの重みを、保護者に理解して欲しいのです。

5月　修学旅行と校外学習、自然とのふれあいで生徒は変わっていく

入学式から1ヵ月がたつと、中庭の木々からは新緑が芽吹き、学校生活は落ち着いてきます。

そのころ、3年生は修学旅行の、1、2年生は校外学習の準備を進めています。修学旅行や校外学習では、教室の授業では学べないものを、学校を飛び出し、様々な体験活動通じて学んでいきます。

校長もしくは副校長は、安全管理の責任者として必ず引率しなくてはなりません。特に宿泊を伴う場合は、事故やけが人はつきもので、その場で校長の判断が求められることがよくあります。ただ、毎年、毎年、生徒たちと一緒になっていろいろな体験をし、普通に会社勤めをしていたら経験できないことがたくさんあって、校長という役職が、とても恵

まれていることも事実です。

どんな修学旅行と校外学習にしていくのか、その方向性を決めるのは校長の仕事です。和田中では、農業と環境をテーマに実施していました。1年生では、山梨県清里で1泊2日のフィールドワークを通じ、酪農開発の歴史について学びます。2年生は、日帰りですが、神奈川県三浦半島で、地引網や漁師鍋づくりなどを体験します。3年生では、長野県白馬村に、3、4名が一つの班になって、農家に2泊3日で宿泊し、田植えや野菜作りなどの農作業を体験します。

3年生の中には、京都、奈良への修学旅行を希望する生徒もいます。でも、都会の子供には、自然と触れ合い、農業を学ぶ機会は、どうしても必要だと思っています。実際に、東京の中学生は、ほとんどが田植えの経験もありません。畑を耕したこともなければ、そこで育つ野菜も見たことがありません。当然、農家の方々の苦労などは、想像することもできないでしょう。

見る、聴く、嗅《か》ぐ、味わう、触る、といった物事を感じる「感性」を磨いていくことは、自然の中でしかできないこと。実際に、修学旅行が終わった後の作文には、「初めは京都奈良に行きたいと思っていたけれど、農業体験は、最高の思い出になりました」といった感想がたくさん書かれています。

修学旅行の最終日には閉村式を行い、「ふるさと」を合唱します。豊かな自然の中で暖かい人たちと過ごした時間と空間が、よっぽど、忘れがたいものになるのでしょう。農家のお父さん、お母さんたちとの別れが辛くなり、多くの生徒が泣き出してしまいます。

6月　運動会、生徒の心に火をつける真剣勝負

昔は、運動会と言えば秋のイメージもありましたが、秋には学芸的な行事が多くあり、また、3年生が高校受験を控えていることもあり、今では、ほとんどの学校で春のメインイベントになっています。

ただ、6月のころは梅雨入りの時期に重なり、天候による実施か中止かの判断には、頭を悩ませます。とにかく、最終判断は、校長が行わなくてはなりません。また、順延して、さらに雨が降ったらどうするか、給食はどうするのか、振替授業はどうするのか、着替えはもってくるのか、細かなところまでシミュレーションをして指示をしておくのも、校長の仕事です。ただ最近は、気象庁発表のホームページで、気象状況が詳細に、しかも瞬時に分かるので、一昔前から比べたら、だいぶ正確に判断できるようになりました。

さて、「最近の子供たちは冷めている」と言われるようなことがありますが、子供には「熱くなる」ことを教えておきたい、その絶好の機会が運動会です。

和田中では、最後の種目である学級対抗リレーで、教員チームを結成し、生徒たちとの真剣勝負をしていました。個人的には、3ヵ月前くらいからダイエットに取り組み、帰宅後はジョギングをして備えました。また、放課後には、先生方とのバトン練習を行い、それを見ている生徒たちからは、「うわぁ、速い」「凄いなぁ」といった声に交じって、「大人気ないなぁ」といった声も聞かれます。それでも、先生方の真剣な姿に、生徒の気持ちにはスイッチが入るものです。

デッドヒートの末、生徒に抜かれた時には、相当に悔しい。しかし、「先生を抜いたぞ！」と生徒たちが熱く盛り上がっているのを見て、それはそれで嬉しくなってしまうのです。

子供に「熱くなる」ことを教えているうちに、先生たちも「熱く」なり、そんな姿が、教員同士の連帯感を生みます。学校行事は、生徒と教員の絆が深まる絶好の機会でもあるのです。

6月　教育実習生の受け入れ

教員を目指す「教育実習生」を受け入れ、教員への夢をかなえる機会を提供するのも学校の役目です。

当たり前のことですが、教員になるためには、教員採用試験に合格しなくてはなりません。そして、その合格のためには、学校現場での教育実習を受けていることが前提です。

学生が教育実習を受けるための手順を、杉並区を例にして説明します。まず、学生は、卒業した地域の学校に行き、個人として直接申請するか、または、所属する大学で取りまとめてもらい、教育委員会を通じて申請するかのどちらかになります。学校側は、副校長会を開き、直接申請してきた学生や教育委員会を通じて申請のあった学生を公平に振り分けます。その後、各学校2～3名程度を、5～7月にかけて3週間程度、教育実習生として受け入れます。

少し余談になりますが、東京都の場合は、自分の卒業した母校での実習はできません。それは、実習生が母校であると、生徒や保護者が知り合いである場合もあり、公平を期すためと、個人情報を不用意に取り扱ってしまうのを避けるためです。

実習生が決まったら、校長は、担当する指導教員をつけます。ただし、その指導教員だけに負担がかからないように、全教職員での支援を促します。実習生には、授業だけではなく、学級活動や部活動まで様々な学校活動に参加してもらいます。

受け入れ後まもなく、実習生が教壇に立ち、一人で授業を行うようになります。指導教員は授業ごとの指導案に対して細かいところまで指導しますが、校長はなるべくいいところを見つけて、ほめるようにします。

最終日に近づくと、派遣をしてきた大学の教授、指導教員、そして校長が見守るなかで研究授業を行い、その後に、それぞれの講評をします。最後は、校長が、大学側から指定された評価シートに、その評価とメッセージを書き入れて終了となります。

指導教員が、夜遅くまで、自分の時間を犠牲にしながら、丁寧に指導をしている姿を見て、いつも頭が下がる思いでした。「どうしてそんなにまでできるのか」と先生方に聞くと、どの先生も「自分がかつて実習生の時によくしてもらった、恩返しのつもりで」と言います。学校の良き伝統文化なのだと思います。

しかし、実習生の中には、動機が希薄で、教員になるつもりはないのに臨むものもいて、腹立たしいと思うこともありました。

ある年、生徒からの評判や、先生方の評価も、かなり厳しい実習生がいました。その実習生が最後の挨拶で、「私は教員に向いていないことが分かりました。ありがとうございました」と涙ながらに話をしました。

教員という仕事は、向いていれば最高の仕事になりえますが、そうでない人にとっては、かなりしんどい仕事です。それが自覚できるのも、教育実習制度のよいところだと思います。

7月　部活動、生徒にとってはかけがえのない時間

夏至をすぎ、日の暮れるのが遅くなると、3年生最後の大会に向けて、部活動の練習が熱を帯びてきます。

下校時刻の18時30分を過ぎて、生徒が校門の前で疲れて座っていても、この時期だけは、少し甘めの指導になってしまいます。教員の退勤の時間が1年間でもっとも遅くなるのはこのころで、私も20時前には、なかなか帰路につけませんでした。

今も昔も、多くの生徒にとって、部活動は学校生活の中心です。先輩と後輩の結び付きができたり、恋が芽生えたりもするのは、たいてい部活動。卒業文集には、半数近くの生徒が部活動の思い出をつづっています。

部活の大会の試合は、土日に行われますが、校長がすべての部活動の応援に行こうとすると、試合開始時間と場所を考慮して、細かなスケジュールを立てないと回りきれません。大会の決勝に勝ち進んだり、さらには、東京都大会、関東大会と勝ち進んだりしていくと、嬉しい悲鳴ではありますが、土日の休みは無くなってしまいます。

会場で、対戦相手の校長に会えば、言葉を交わします。

「校長先生、休みなのに大変ですね」「いやいや、校長先生こそ」など言いながら、どの校長にとっても、自分の学校の生徒は、かわいく、特別に声援を送りたいものです。

私は、和田中の5年間で、全国大会に2度、引率する機会に恵まれました。

全国大会に出場するためには、区大会、都大会を勝ち抜き、さらに関東大会で上位に入る必要があります。全国大会では、オリンピックの予選でも見ているかのようで、そのレベルの高さには驚きましたが、それ以上に驚いたのは、生徒の礼儀や挨拶の良さです。

区大会レベルだと、開会式の時の主催者挨拶に、「おはようございます」という声がぱらぱらと返ってくる程度です。しかし、全国大会の時には、選手ひとり一人が、大きな声をだし、「おはようございます」と溌剌《はつらつ》とした声が会場中に響き渡ります。また、多くの選手が、他の学校の先生にも「こんにちは」「お疲れ様です」と、気持ちよく挨拶をします。

全国大会の試合に負けた時の悔しさは、相当なものだと思います。それでも、相手の選手や先生に対して、礼節をもった態度を貫いています。負けてふてくされている生徒の多い区大会とでは、雲泥の違いがありました。

部活では、楽しむことを目的としたスタイルもあっていいと思います。ただ、いい加減な気持ちでやっていたのでは、礼節や品格といったものは、到底身につきません。高い目標を掲げて指導していかなければ、身につけさせられないものもあると感じました。

8月　夏休み、生徒は休むが先生は休みなし!?

夏休みには、教員は休んでいるのでしょうか？

一昔前まで、学校に来ていなくても「在宅研修扱い」という都合のいい解釈があり、結果として教員が長い休みが取れていた時代もあったと聞いています。しかし今は、出勤日と休暇日をあらかじめ管理職に申請し、「動静表」と呼ばれる管理票に連絡先を書き込んでおかないと休みを取ることはできません。また、海外旅行に行くためには、夏休み前に、校長の許可を受けて申請を出す必要があります。実際には、多くの教員は、それほどの休みを取らず、学校に来て仕事をしているのが現状です。

それでは、夏休みには、どんな仕事をしているのでしょうか？

夏休みの前半は補習授業。３年生の先生方は保護者との進路面談。教育委員会が主催する研修に参加したり、部活動の練習を20日間ほども予定していたりする先生もいます。多くの先生が、普段はできないことに取り組んだり、授業力に磨きをかけていたりしています。

それでは、校長は何をしているのでしょうか？

生徒が登校していない夏休みは、やはり、随分と気持ちに余裕があります。しかし、やることは相変わらず山積みです。１学期中にできなかったレポートの点検や見直し、２学期以降の行事や学校説明会の準備。そして、９月に発表する学校の中期経営計画なども立てていきます。また、長期休暇を利用した、体育館やトイレの修繕、壁の補修、芝生の養生などの作業があり、校長、副校長で工程表を管理しておきます。

さらに、教育委員会が主催する管理職向けの研修もあります。私の場合は、民間人校長だったこともあり、マネジメントや地域との連携をテーマにした研修の講師として各地の教育委員会に出向いていました。

8月下旬　2学期始業式、夏休み明けは大事なリスタート

ゆとり教育の後を受けて新しい学習指導要領が実施され、授業時間数が増えました。その影響を受け、夏休みを短くする学校が増えてきました。

2学期始業式は、久しぶりに全校生徒に会えるのでわくわくする一方で、ドキドキする瞬間でもあります。何をドキドキするのかというと、全校生徒がしっかりと登校できるかどうか、不安があるからです。

長い休みの間に、こころや体の変調をきたし、始業式から登校できなくなってしまう生徒も出てきます。また、服装が乱れたり、頭の毛を染めていたりする生徒も出てきます。

学校で生徒の指導が大変なのは、1年生の1学期、2年生の2学期、3年生の3学期、などと言われています。1年生の1学期は、動物園の猿山のボスを決めるがごとく、いろいろな小学校から入学してきた子供達が、主導権争いを始めます。もめたり、喧嘩したりすることは日常茶飯事です。3年生の3学期は、受験を控えて、精神的に落ち着かないうえに、早々と合格を決めた子と、なかなか合格が決まらない子が一緒にいて、気持ちがひとつにならない状況が続きます。

そして、2年生の2学期は、受験もまだ先で、中学校生活が中だるみをしがちなうえに、思春期、反抗期、まっただなかの子供で溢《あふ》れます。一人の生徒の行動が引き金になって、学年全体が荒れ始めることが多いのも、この時期です。

登校後、ヘアースタイルがあまりにも不適切で、担任が指導をして直させ、始業式には出させないことがありました。

始業式での校長の挨拶を、全校生徒がしっかりと聞いてくれると、この学期もひとまず大丈夫。ホッとひと安心です。

9月　新年度への準備、学校説明会と経営方針の発表

4月につづき、9月の校長の仕事は、再び山場を迎えます。10月、11月に行われる行事の準備に加え、翌年度に向けた準備が始まります。

翌年度へ向けた準備の一つが、小学6年生の保護者に向けた学校説明会です。それにあわせて公開授業、部活動の体験会なども行います。区としての入学者数の把握の必要性もあるため、教育委員会からは、これらを9月中には実施するように通達があります。

和田中は、10年前には、区内でもっとも入学者数が少なかった学校でしたが、平成20年

度あたりから、もっとも入学希望者の多い学校へと変貌することができました。様々な教育活動が保護者に評価していただいたのだとは思いますが、学校説明会ではなるべく面白い授業を行い、映像や写真などで分かりやすく説明するように工夫を凝らしていました。

私は、夏休みには、保護者のふりをして、私立中学校の入学説明会を2～3校は見学して回っていました。他の学校の学校説明会を見ると、他山の石とするところや、参考になるところもたくさんありました。

わずか10分程度ですが、冒頭の挨拶を聞いていれば、校長がどんな思いで学校を経営しているのか、およその見当がつきます。私学の場合、経営母体として理事会がありますが、理事長はパッションがあるのに、現場にいる校長はそれほどでもない、といったこともよくあります。また、担当の教員が、自分の学校の魅力を、より具体的に語れているかということは、とても重要だと思いました。

説明会の終わったあとは校舎を回ります。掲示物がはがれていないか、いたずら書きはないか、ごみが落ちていないか、下駄箱の靴は踏みつぶされていないか、普段から気になってしまうところを、思わず他の学校に来てもチェックしてしまいます。校長の職業病ではありますが、実は、こうしたところは、生徒の実態を映す鏡なのです。学校見学の際は、参考にしてみてはいかがでしょうか？

さて、翌年度に向けた準備のもう一つは、来年度に向けた学校経営方針の発表です。「経営」と書かれると、少し違和感がある方もいらっしゃるかと思いますが、10年ほど前から、学校運営と区別して、学校経営という言い方が一般化してきています。学校は、単に教育を行う場でなく、教職員や、予算、設備などの学校資源を活用し、外部との折衝を含めた改革の必要性があるとされ、校長には、それをマネジメントしていく意識が求められるようになったからです。

この時期に発表する学校経営方針は、来年度に向けた骨格をなすものです。夏休み中に、じっくり時間をかけて準備します。配布をする前には、副校長に確認をとりますが、ほぼ、校長が一人で書き上げます。

教員の自己申告制度と連動しており、教員にとっては、この学校経営方針にそって自分がどう力を発揮できるか、考える機会になります。また、教員がその学校経営方針に賛同できないのであれば、異動希望を出すかどうかの判断材料にもなります。

9月中旬　生徒会選挙、リーダーを育てる

中学校が抱えている共通の課題として、「リーダーの不在」があります。

少子化の影響で「兄弟でもまれることも少なくなったからだ」とか、公立の場合は、「運動会で応援団長をつとめるような児童の多くが、私立中学に進学してしまうからだ」とか、その原因はいろいろと言われています。また、子供達のほうにも、率先して前に立つようなことをして、いじめられたりしたくない、という意識もあるようです。

ただ、「リーダーの不在」については、私は、保護者のほうにも、その原因の一端があるように思います。「ピアノの伴奏をやりたいと子供がいうけれど、クラスの生徒に迷惑をかけてしまったらどうしよう」とか、「委員長をやって、もし上手くいかなかったら、本人がかわいそうだ」などと、親心から、子供が傷ついたり、挫折したりするリスクをあらかじめ排除する傾向があるように感じます。その結果、子供のほうが挑戦する気概を失ってしまうのです。

和田中でも、自分から集団をまとめていくような生徒は、決して多くはありませんが、だからこそ、それまで目立たなかった生徒や一見おとなしい生徒でも、リーダー的な存在に変われるチャンスがあると思います。運動会や学芸発表会、また校外学習などの行事で

は、一人でも多くの生徒に責任ある立場に立つ機会をつくっていきます。

そして、リーダーの育成に絶好の機会が、生徒会の活動です。

私が校長5年目の時、生徒会長に3人が立候補する事態になりました。生徒会長選挙は、生徒同士が事前に調整して、立候補者1名による信任投票になることも多いのですが、この年は、3人とも引くことがありませんでした。

実は、私のところには保護者から心配の電話がかかってきました。「立候補したことは非常にうれしい」と前置きしながらも、「うちの子供で大丈夫でしょうか、落選しても立ち直れるでしょうか」と、これが子供を想う母親の率直な気持ちなのだと思いました。

「大丈夫ですよ。彼らを尊重し、私達もしっかりと見守っていきましょう」と言って、おだやかに電話を切りました。

以下は、生徒会の選挙が終わったあとでの、朝礼での挨拶です。


今年の生徒会選挙には、会長に3名が立候補しました。その積極性はとても素晴らしく、嬉しいことです。

ただ、私は、落選してしまった2人の候補者には、どうやって声をかけてあげようか、ずっと悩んでいました。実は私は、中学生の時、生徒会会長に立候補をしました。私は、幸運にも生徒会長になれたのですが、家に帰ってから、父に「生徒会長に当選したよ」と報告すると、父は「よかったね。落選したらどんな言葉をかけてあげようか、そればかりを考えていたので、今は言葉が特にないなぁ」と言われたことを覚えています。

「私が落選したら、どんな言葉をかけてくれたの？」。その時には、その質問をしないまま、父は脳梗塞で倒れ、言葉が不自由となり、その答えは今ももらえていません。

私の父は、落選したら、どんな言葉をかけたと思いますか。

選挙で落選したり、何か失敗をしたりすると、自分のすべてが否定されたように思い、自信を失ってしまうものです。でも、そんなことはありません。私は会長立候補の3名には、みんなそれぞれ素晴らしい魅力があると思っているし、選挙で落選したとしても、むしろ、違った立場から、自分の良さを再発見できると思います。

みんなも、友達が何かつまずいたときにこそ、暖かい言葉をかけられる人間になっていって欲しいと思います。

生徒会長候補の3名が、和田中の希望ある未来について演説してくれた姿を、私は、ずっと忘れません。

9月下旬　職場体験、学校の常識は社会の非常識!?

中学生の「職場体験」というものをご存じでしょうか？

これは、若いうちから職業観を育成しようという狙いのもとで、生徒が企業や役所、店舗などの職場を訪問し、連続した5日間、その仕事を体験してみるというものです。

和田中でも、2年生が、3～4名が一つのグループになり、都内の一般企業や、地元の小売店や事業所などに通います。1学年がおよそ、150名程度なので、およそ40の企業の職場にお世話になることになります。

私は、校長になる前、自分が経営していた会社に、職場体験の中学生たちを受け入れたことがありました。他の民間人校長でも、そんな経験のある校長はめったにいないのではないかと思います。職場体験の生徒を受け入れたときに感じた率直な感想は、「教員こそ、職場体験が必要だ」ということです。

まず、名刺すら持たずに挨拶にくる教員が大多数で、こちらの差し出した名刺は（社長であろうとも）、平気で片手で受け取ります。電話がつながらないので、折り返しを待っていても、いっこうに電話がかかってこないし、敬語もうまく使えない教員が多く、いらいらすることもありました。社会人として当然のマナーを知らなくても、それで通用してしまうので、社会常識に疎くなっているのだと感じました。

校長の立場になり、今は、学校や教員の状況も理解しています。とにかく、昼間の時間は、授業や生徒への対応が忙しく、電話も職員室には数台しかないので、すぐに折り返しの電話ができる状況ではありません。一人1台のPC端末はありますが、学校ではセキュリティーが厳しいため、外部とのメールのやり取りができないことを考えると、教員が上手に折衝したり、調整したりすることは難しい環境にあると思います。

ただ、それにしても、社会で通用する人間を育てるはずの教員が、一般常識やマナーに劣り、それを身に着ける機会さえないのでは、今後、様々なひずみを生みやすく、「学校の常識は、社会の非常識」などと言われる要因になってしまいます。

10月　学芸発表会、力を合わせてひとつになる

春のメインイベントが運動会ならば、秋のメインイベントは、学芸発表会です。

学芸発表会では、吹奏楽部やダンス部、英語部などの文化部の発表のほかに、学級対抗の合唱コンクールが行われます。運動会は、もともと運動が得意な生徒が集まると、それだけで優勝してしまうこともありますが、合唱コンクールは、生徒のポテンシャルだけでは測れないところもあり、各クラスの団結力がより試されることになります。

こうした全校行事は、子供達の大切な価値観を育む、絶好の機会です。「どうやったら、みんなで力を合わせ、ひとつになることができるのか」、そんなことを学んで欲しいのです。

発表会の1ヵ月前の9月下旬から、合唱コンクールに向けた朝練習と放課後練習が始まります。最初は、各クラスともになかなか上手く歌えません。朝練習に遅刻する生徒はいるし、実行委員もどうまとめていったらいいのかわかりません。また、一生懸命やればやっただけ、こうしたらいい、これはおかしい、などと意見もぶつかり合います。そんな時、まとめるのが上手なクラス担任の先生は、「しっかりしろ」などと叱るのではなく、どうしたらこの状況を乗り越えられるか、子供達自身が考えるように導いていきます。

そこで効果的なのが、兄弟学級と呼ばれる、先輩学年、後輩学年との合同練習です。たとえば、放課後の歌練習の時間に、3年と1年のA組どうしの生徒が集まり、それぞれが歌ったあとに、いい点や悪い点などを全体で話し合います。声変わりをした3年生のハーモニーは重厚なものです。後輩たちは、先輩の歌声に圧倒され感染してしまいます。そして、話し合いでは、3年生が仲裁役になって、「どうすれば上手くいくのか」「なぜ、自分たちは上手くいかないのか」、言いたいことをぶつけ合います。

こうしたオープンな場で、コミュニケーションをすることで、お互いの意見や感情の違いを乗り越え、集団がまとまり始めるのです。

発表会当日は、杉並公会堂のコンサートホールで行われます。1年、2年と順番にプログラムが進み、最後の3年生の歌声は、聴いているだけで胸がいっぱいになります。特に、男子が体をゆらし、青筋をたてながら歌う姿は、文句なく「カッコイイ」ものです。

和田中の平成23年度の合唱コンクールでは、東日本大震災の復興への願いを込めたオリジナルの混声四部合唱曲を3年生が披露しました。音楽科の先生がリードして、生徒が歌詞をつくり、作曲家に曲を依頼し、その費用などは同窓会の協力を得ました。

この合唱曲を歌い続けることで、震災の記憶を風化させないようにして欲しいと思います。

11月　面接練習は、将来の就職試験も意識して

「こんなことまでやるのか」と驚き、「想像以上に大変だ」と感じたのが、3年生を対象にした面接試験の練習です。

全国的にどうかは分かりませんが、少なくとも、杉並区内では校長の仕事として定着しています。生徒数の多い学校では、校長と副校長の二人で分担して行っている学校もあるようでしたが、私は一人でやり続けました。というのも、これからの子供たちには、とにかく、コミュニケーション力が求められるので、その力の育成は、民間企業でも働いた経験が活かせるいい機会だと思っていたからです。

高校入試のすべてに面接試験が課せられているわけではありませんが、将来は就職の面接試験もあることを念頭にして、3年生全員を対象に行います。一人20分ずつ、1時間に3人行い、150人の学年だとすると合計50時間。放課後に2時間ずつ行っても25日がかかります。面接が終わって一息つくころには、すっかり日が落ちて、外は真っ暗。木枯らしも吹いて、しんみりと冷え込んでいます。

さて、この面接練習について言えば、以前にリクルート社に勤務していた時に大学生の

ために就職面接の対策講座をしていた経験もあり、生徒には、そのノウハウを伝授しました。

まず、面接試験では、入室してから最初の3分で、およその合否はついてしまうという現実を教えました。面接での採点は、「非言語（ノンバーバル）」の点数と、「言語（バーバル）」の点数とに分かれます。「非言語」とは、挨拶の仕方や、身なり、目線や態度、声の大きさなど、言葉の内容に現れない部分のことですが、ここで好印象を与えられないと、いくら「言語」で、流ちょうに話したとしても、なかなか挽回が難しいのです。最初の3分で決まってしまうと言われるのは、このためです。

気持ちよい挨拶ができない生徒が、面接のときだけ、気持ちよく挨拶ができることは、決してありません。非言語の部分は、一朝一夕で上手くできるものではないために、その人の本質が見えてしまいます。

また、生徒が上手くできないこととして、「相手の目を見て話す」ことがあります。そこで、ビデオカメラで面接の様子を録画し、再生して見てみます。「こんなにきょろきょろとしているとは思いませんでした」と自分で気がつけば、後は劇的に改善していきます。

最初のうちは、あまりにも重労働で疲れてしまい、「とても続けられない」と思いましたが、次第に「校長のやるべき仕事だ」と思えるようになりました。

たとえば、「あなたの中学校生活で、一番印象に残った出来事は」とか、「将来は、どんな仕事をしたいですか」などと、ひとり一人に質問をしてみると、生徒が学校のことをどう感じ、どんな夢を抱いているのか、丁寧な聞き取り調査にもなるからです。

12月　区が主催する駅伝大会

行政や教育委員会が、強制的に参加を迫る活動に、学校現場は困惑するものです。教育委員会としては、良かれと思っている活動も、学校現場では、「これ以上負担をかけないで」と感じることが往々にしてあります。

十数年前に始まった杉並区の主催の「中学校対抗駅伝大会」も、最初のころは、現場では相当の反発があったと聞いています。確かに12月と言えば、3年生の成績一覧表を書き上げ、進路先を決定する、胸突き八丁の時期です。そんな時期に、「学校対抗の駅伝大会をするので、体育教諭と養護教諭、そして校長は協力するように」と言われても、「はい。そうですか」、と素直に言いにくいものがあります。

私が赴任した年の和田中でも、そもそも生徒自身が乗り気ではありませんでした。3年生の生徒に出場する気はないか、とたずねてみても、「受験勉強があるから」「陸上部のある学校だけがやればいい」などと、素っ気のない反応でした。これでは、約25校が参加する大会で、20位前後の成績でも仕方がないとあきらめていました。

ところが2年目の時、今でもその瞬間を忘れることができない出来事がありました。

「駅伝に出たいので、チームをつくり、練習をさせてください」。

3年生の女子生徒3名が、校長室に来て、こう切り出したのです。こんなに前向きな生徒もいるのだと嬉しい以上に、ただただ、驚いてしまいました。しかし、生徒だけで勝手に練習をさせることはできないので、7時30分からの朝練習には、校長、副校長が、放課後練習には、体育の教員が付き添うことにしました。

その年に、彼女たちが率いる女子チームが、いきなりの準優勝。やればできるということが学校じゅうに共有され、それ以降、駅伝への取り組みが劇的に変わっていきました。

現在では、9月から12月までの短期の部活動として位置づけ、マネージャーも含めた部員数30名を誇る、大きな活動になりました。体育の教員を中心に学校、保護者、地域の支援体制も整い、私が退任した翌年度には、ついに男子が優勝。男女ともに毎年好成績が収められるようになりました。

繰り返しになりますが、行政や教育委員会が、強制的に参加を迫る活動に、学校現場は振り回され、苦労するものです。

ただ、行政が主催する活動は、ひとつの学校ではできないスケール感があるのも事実。どうせ取り組まなければならないとしたら、生徒が飛躍する場に切り替えていくことも必要なのだと、あの時の女子生徒に教えてもらったような気がします。

年末新年　学校と地域の忘年会と新年会

学校の朝が早いこともあって、普段、先生方と夜に飲む機会は、それほど多くはありません。一般的な企業と比べても、はるかに少ないと思います。それだけに、教職員が一斉に飲みにいく機会は、大事なコミュニケーションの場となります。

一年間で言えば、入学式、卒業式の後の祝賀会や、運動会、学芸発表会の打ち上げ、そして、忘年会、新年会などです。普段は言えないことも、お酒の入った飲み会では、本音の話ができます。ベテラン教員が熱く語り、新人教員がそれをだまって聞いている光景は、どこでも見かける、日本の伝統的な「飲ミニケーション」です。

学校の飲み会と同様、もしくはそれ以上に重要なのが、町内会や商店会が主催して行う忘年会、新年会です。土曜日の夕方や日曜日の午後に、近くのホテルなどでフォーマルに開催され、校長が招待されます。

出席者は、町内会長や、地元の名士、地域の議員や、婦人会の代表といったメンバーです。その中には、保護者も参加している場合もあります。

地域が主催する防災訓練や、お祭り、運動会などでは、児童、生徒がいつも参加しており、学校と地域とは、切っても切れない関係です。普段お世話になっているお礼を言いながら、交流を深めるまたとない機会です。

お酒の入った宴会の後半には、必ずと言っていいほど、カラオケセットがでてきてしまいます。「校長先生も歌って！」とお願いされた時には、私は森進一さんの「冬のリヴィエラ」か「襟裳岬」を入れていました。

ちなみに、地域の飲み会の会費は安くはないのですが、収賄の嫌疑をかけられぬように、自腹でないといけません。

1月　スキー教室、宿泊行事は急成長の場

3年生の修学旅行は2泊3日ですが、それ以上に長いのが、3泊4日の2年生のスキー教室です。親のもとを離れ、一つ屋根の下で仲間たちと過ごし、生徒は、短期間のうちにひと回りもふた回りも大きく成長します。

そして、子供たちが成長するのは、スキーの技術だけではありません。今までになかった集団のなかでの規範意識が芽生えてきます。

たとえば、朝、夕の食事は、全生徒が一斉に食堂でとるのですが、初日、2日目は、ワイワイガヤガヤと騒がしくて収拾がつきません。給食係が配膳をし、その後に全員が食堂に入ってきて、静かになったところで、給食係が「いただきます」と号令をかけるのですが、給食係が「静かにしてください」と何度言っても簡単にはそうなりません。ところが、食事の回数を重ねると、自分がどう行動すべきかが分かるようになります。配膳の連携もうまくなり、また、お互いに注意し合うことも覚え、給食係が前に出てきただけで、自然と静かになります。個人が少しずつ我慢をしないといけないことを学んでいくのです。

ある年、子供たちの意外な一面を垣間見ることができました。悪天候で猛吹雪が吹き、リフトが全面的に止まってしまった時のことです。

私も初めての経験で、中止になるのかと思っていたら、インストラクターから「山に登って、滑って降りてくることもできますよ」という提案を受けました。普段は積極的な決断をする私でしたが、外の吹雪を見て、この時ばかりは躊躇しました。そこで、学年主任に相談すると、意外にも「いい経験になると思うのでやりましょう」と言うので、山登りスキーを敢行することになりました。

生徒たちは文句を言うのではないかと心配しましたが、これまた意外にも誰一人嫌がることもなく、猛吹雪の中を、スキー板を担いで、意気揚々と登り始めたのです。その様子を、最後尾から眺めていた私は、映画「八甲田山」の進軍をみているようで、不安がいっぱいでした。しかし、子供達は、そんな不安をよそに、時には声をだして励まし合いながら、2時間ほどかけて全員が山を登り切り、ゲレンデを滑り降りてきたのです。厳しい自然環境を克服し、滑り降りてきた生徒たちの表情は最高に輝いていました。

教育現場では、安全性ばかりがどうしても優先されてしまいます。校庭から鉄棒が撤去されたり、学校行事では、海の遠泳や登山が廃止されたり。しかし、そうしているだけでは、子供達はたくましくなりません。

子供達を、時には厳しい環境に置かせることの重要性を感じた、貴重な出来事でした。

2月　高校入試、人生初めての試練にどう立ち向かわせるか

多くの中学生にとって、高校入試は、初めて迎える人生の試練です。その試練にどう立ち向かわせるかは、とても大切です。

学力が向上して、難関高校に挑戦する生徒が多くなると、入試の直前に学校を欠席する生徒も現れ始めました。塾では、合格実績を上げるために「学校を休んで受験に集中しなさい」、と公然と指導するそうです。確かに、入試科目に関係ない学校の授業は、必要ないかもしれません。

しかし、中学校は義務教育であり、たかが高校入試のために、自分の都合を優先させていたら、これから押し寄せてくる大学入試、就職試験など、その後の人生の局面において、常に自分の都合を優先する利己的な人間になりはしないか、とても心配でした。また、そうした自己都合を優先させる考え方が、他の生徒にも伝染する可能性も、恐ろしいと思いました。

学校と塾との狭間で、生徒が迷うことがあったときは、保護者の考え方が大きく影響し

ます。私は、4月の進路説明会における保護者会では、「受験は個人戦ではなくて団体戦である」ということを伝えるようにしていましたが、入試が間近になった時期には、再度、「個人の受験の都合を優先させないで欲しい」と言うようにしていました。

受験当日、試験の問題用紙を開くときに、「多くの仲間に支えられ、ずっと励ましあってやってきたこと」。そして、「自分は一人じゃないんだと思えること」のほうが、よっぽど力が発揮できると思っています。

東京都の場合の受験のスケジュールですが、1月中旬から、私立、都立の推薦入試が始まり、2月上旬からは私立入試、2月下旬には都立入試が本番を迎えます。3月上旬に都立の合格発表と同時に2次募集が始まり、全員の進路が決定するのには、卒業式の直前までかかることもあります。

校長は、この間、高校に提出する成績証明書などの書類に公印を押していきます。生徒の受験校数分に及ぶ大量の枚数なので、大部分はまとめて押しますが、途中で志望校を変更する生徒の書類などは、そのたびに一枚ずつ押印していきます。苦しんでいる生徒の時には、その生徒の顔を思い浮かべて、おのずと押印にも力を込めます。

そして、進学する高校が決まった生徒は、順々に校長室に報告に来ます。

「第一志望に合格しました」と満面の笑みで報告にくる生徒もあれば、「第三志望に進学します」と、意気消沈して報告にくる生徒もいます。そんな時は、辛い気持ちに寄り添いながらも、「その高校に入って良かったと思えるように、気持ちを切り替えて前に進んでいって欲しい」と言います。

卒業した多くの生徒を見ていて、第一志望の高校に合格したものの、「授業についていくのが精一杯。追試ばかりです」と報告にくる生徒もいれば、第一志望ではなかったものの、逆に発起して充実した高校生活を送っている生徒もいます。たとえば、学校の英語のスピーチコンテストで優勝し、交換留学生に選抜されたり、クラブ活動の研究が評価され、すんなり推薦で一流大学への合格を決めたり。第一志望の高校に行っていたら、たぶんそうはならなかった成果を残す生徒は大勢いるものです。

高校受験は、人間万事塞翁が馬。挫折を味わい、思い通りにならなかったからこそ、思いもよらぬ幸運に出会えることもあるのです。

3月　卒業式、ただこの一日のためだけに

桜のつぼみもふくらみはじめ、春の息吹が感じられるようになった3月。卒業式は、学

校生活でもっとも大切な一日です。

校長以下、教職員は、ただこの日を迎えるためだけに、3年間の教育活動をしているといっても過言ではありません。同じ学び舎で過ごした生徒が、立派に成長した姿を見ると、卒業式とは、学校だけに許された、特別な時間と空間であることを実感します。

私が卒業式で、一番好きな瞬間は、3年生の担任の先生がクラスメイトを先導し、退場していくシーンです。式が終わった安堵感のなか、先生と生徒がなんとも言えない暖かな絆で結ばれ、後輩や保護者の暖かい拍手に囲まれて、ゆっくりと歩いていく。その雰囲気が、なんともいえません。

そして、校長だけに許された、もっとも素敵な仕事が、卒業証書の授与です。

「卒業おめでとう」

とひとり一人に声をかけながら、生徒たちの旅立ちを祝福します。

嬉しそうにほほ笑む生徒、涙があふれて止まらない生徒、緊張でそれどころではない生徒、ありがとうございましたと落ち着いて言葉を返す生徒。その一人ひとりの豊かな表情を、校長だけが味わえます。

一般的には、あまり知られていませんが、学校では、卒業式を午前中行ったあと、午後には、2回目の卒業式を行います。

それは、大勢の集団のなかでは卒業式を受けられない、不登校だった生徒のための卒業式です。1名、もしくは、2名の卒業式なのですが、希望を聞いて、体育館か、もしくは校長室で行います。3学年の教員は全員勢ぞろいし、卒業式と同じように、その生徒を呼名し、卒業証書を授与し、校長の式辞を行います。

不登校になる理由は様々です。家庭の問題であったり、精神的な病気であったり、いじめが原因になっていたり、また、そのいくつかの複合的なもので、理由が特定できないケースもあります。保護者の方の涙を見ると、学校には想像もつかない苦労をされたのだろうと思い、胸が締め付けられます。そして、学校として、校長として、もう少しできることはなかったのだろうか、と考えてしまいます。午前中の卒業式とは違い、複雑な思いにかられます。

義務教育の終了時点では、みんなと一緒の感激を味わうことができなかったとしても、いつかは自立し、希望をつかんでいって欲しいと願うばかりです。

第３章　教員と校長と教育委員会のビミョーな関係

ここまでの2つの章では、校長が日々、また1年を通して具体的にどんな仕事をしているのかをみてきました。

この章では、校長の仕事をより理解していただくために、「教員」と、教員を管理監督する「校長」と、その校長を管理監督する「教育委員会」との三者の関係について述べていきます。少々専門的な話になりますが、これ以降の章を読むうえでの基礎知識となりますので、ぜひ、お付き合いいただければと思います。

校長には、人事権がない

読者の皆さんには意外に思われるかもしれませんが、校長には、教員の採用や異動、ということについて、権限はありません。つまり「人事権」はありません。「校長に人事権がないなんて」と言って嘆く校長もいます。

確かに、学校の長として思い通りの人事をしたい気持ちは分かります。ですが、現実的には、もし校長に人事権があったら、大変な労力を費やさなければなりません。

なぜなら採用や異動、評価、懲戒などこれらすべてのことを、校長ひとりで行うことは到底できないからです。そこで、人事権は、組織的に行えるように「都道府県」の教育委員会が握っているのです。

プロ野球に例えると、校長は監督で、教育委員会は球団のフロントです。チームにどんな選手が必要か。新人選手をドラフトし、主力選手のトレード、解雇などはフロントが決め、監督の仕事は25名程度のベンチ入りした選手を上手く使い、チームを強くしていくことなのです。監督が、いくら元気のいい若手選手が欲しいと思ってもすぐに獲得はできないし、言うことをきかない古株の選手を簡単には放出できません。

すなわち、校長は、自分の意に沿った機動的な人事配置をすることはできず、教育委員会から配属される教員で、うまくやりくりをしていかなくてはなりません。

校長にあるのは、人事権ではなく具申権

校長は、教育委員会から示されたガイドライン、つまり一定の約束事を守りながら、学校の教員の人事異動を「具申」します。

東京都の場合は、教員は現任校で3年間勤務することが原則であり、3年以上が経過したら、異動の対象者となります。また、6年が経過すると、特別な理由がない限り、必ず異動しなくてはなりません。校長は、今年は誰が異動するのか、2、3年後は、誰が異動するのかを考えながら、短期、中期を見据えて、学校の組織計画を立てていきます。

先ほど、校長はプロ野球の監督であり、監督がいくら自分の希望する選手を要望しても、すぐには叶うものではないと書きました。しかし、プロ野球の監督は、チームを強くするために、具体的にどんな選手が欲しいのか、誰を放出したいのかをフロントに強く要望するものです。

同様に、校長も、教育委員会に対して、学校の状況を伝え、教員組織をどうしていきたいのか、具体的な申し立てを行うことは重要なのです。

つまり、校長には人事権はないのですが、「具申権」が認められています。

杉並区教育委員会（以下、区教委）の場合、10月下旬に、区教委の人事担当課長、係長と校長との間で、教員の異動に関してのミーティングが持たれます。時間は約20分。校長は学校の状況を簡単に説明したあと、どの教員が異動を希望しているのか、どの教員を異動させたいのかを説明します。さらに、異動する教員の代わりには、どんな教員を希望するのか、野球部の経験のある教員か、授業の指導力に定評のある教員かなどの具体的な要望を伝えます。

ただ、このミーティングを終えて、校長の具申がすべて叶えられるかというと、そうではありません。前述したとおり、人事権を持っているのは、区教委ではなく、その上位組織にあたる「都道府県」の教育委員会（以下、都教委）なのです。区教委は、区内の小中学校約70校の校長の要望をまとめ、異動の対象となった教員を、区内で異動させるか、もしくは区外へ異動させるか、その線引きをします。そして、それらの要望を都教委にかけあいます。

都教委は、東京都すべての市区町村の教育委員会からの要望を整理し、人事権を駆使して、東京都全体の教員の異動を決定していきます。

したがって、一つの学校長としては、あれやこれやと区教委に具申するのでなく、「本校では、英語に力を入れ続けているので、英語の授業力のある教員を」などと、ピンポイントで要望することのほうが得策であったりします。

【よく聞かれた質問 ②】

質問：あの先生を異動させないで欲しい、というお願いは可能ですか？

回答：「校長先生、あの先生を異動させないでください」といった保護者からの要望を受けることがあります。強烈な署名運動でもあれば別ですが、異動に関する要望に関し

て、校長はそのひとつひとつを聞き入れることはできません。
校長は、様々な条件を考えながら、異動の人事を行っています。授業力のある先生が一度に抜けてしまわないように、とか、生徒の実態を考えると生活指導力のある教員を新しく入れたい、とか。さらには、教員の家庭事情や健康状態なども熟慮して決めています。「あの先生はとってもいい先生だから」といった保護者の要望だけでは、人事異動を変更することはありません。

【よく聞かれた質問　③】

質問：同じ学校に6年以上在籍している先生もいますが、どうしてですか？

回答：教員はガイドラインに定められた期間以上、同じ学校に在籍できないのですが、それ以上の長い間、同じ学校にいる場合があります。

例えば、以下のような人事制度を利用しているケースがあります。

教員には、教諭→主任教諭→主幹教諭という、3つの段階的な職級があります。それぞれ昇格試験があり、主幹教諭になれば、教員の中で、中核的な存在としての働きが求められます。

そこで、主任教諭から主幹教諭に、同じ学校にいる間に昇格した場合には、それまで主任教諭として在籍していた年数がゼロにクリアされ、新しい人材として配置されたとみなされるのです。たとえば、主任教諭として6年間いて、6年目に主幹教諭に合格し、その後3年間在籍しようとすれば、合計9年同じ学校に在籍することは、正式に認められます。

校長は、長く在籍して欲しい教員には、「先生のような能力のある方は、もっとリーダーシップを発揮すべきです」と口説いて、主幹教諭に昇格をしてもらうという合法的な手段を使います。

教員との面談は年間3回

年に3回、校長は教員との面談を行います。副校長も同席したところで、一人あたり約30分〜40分ずつ、教員が授業をしていない空き時間に行います。

第1回目の面談は、新年度が始まった4月に行います。そこでは、その年の目標を自己申告してもらいます。前年度の反省や課題をふまえて、今年度、具体的に取り組むことについて、校長と確認し合います。これらの面談で確認された情報は、人事情報シートに記入し、区教委にも提出します。

9月下旬から10月上旬にかけて行う第2回目の面談は、4月に行った自己申告の中間報告と、来年度の異動についての話題です。特に、在籍年数が異動の対象となる3年目から6年目の教員に関しては、時としてシビアな話し合いが行われます。教員と校長との思いが一致せず、本人から異動の希望の申し出があっても翻意してもらうこともあるし、また、逆に、現任校へ残ることを希望していても、校長から異動を切り出すこともあります。その場で合意が見られない時には、もう一度面談を行い、納得してもらえるまで話し合いをします。

そして、第3回目の最終面談は、2月に行います。今年度の最終自己評価と、それに対する校長からの評価を伝えます。そして、異動が内定している教員には、新しい学校でも頑張ってもらえるようにエールを送ります。また、異動をせず、来年度も現任校にとどまる教員には、次年度の配置の要望を聞きます。

私は、同席する副校長とは、面談前に大まかなシナリオをつくってのぞんでいました。その最大の目的は、面談を終わって校長室を退室する時には、入室した時よりも高いモチベーションになってもらうことでした。

まず、面談の前半は、副校長が質問をしていきます。最近の生徒の様子はどうか、保護者との間に困ったことはないか、他の教員との人間関係は順調か、新しい取り組みをどう思うか、自身の体調に問題はないか。さらには、最近のよかった出来事は何か、といったあらかじめ準備しておいた質問を中心に、教員からの話を聞いていきます。その時、校長はメモを取りながら、黙って聞いています。

面談の中盤は、教員が各自で作成してきた自己申告表をもとに、定期異動や自己評価といった人事案件に関する話し合いを行います。

そして、最後は校長の出番で、先生方のモチベーションが湧いてくるような話をしていました。教員のモチベーションは、給与や賞与といった金銭的な報酬や、また、昇進や昇格といった地位的な報酬ではありません。「子供に寄り添い、子供の成長のためになりたい」という、教育者としての根源的な欲求です。

「先生のあの時の対応を、保護者が、こんなふうに評価していましたよ」とか、「先生の授業力が向上して、生徒の目つきが変わってきましたね」とか、先生のよかったところ、子供たちの期待に応えているところを見落とさず、タイミングよくフィードバックすることを心掛けていました。

校長になる前、社長として会社経営をしていたときには、募集から採用、退職まで、人事権をもつことの重責を身にしみて感じていました。そんなこともあり、私にとっては、人事権はなく、教員のモチベーションをあげながら、既存の戦力でいかに戦っていくかを考える校長のほうが、よっぽどやりやすいと感じました。

教員の配置は、校長の専権事項

3月上旬には、校長は来年度に新しく赴任してくる教員の人事異動カード（通称「カード」と呼ばれている）を、教育委員会から渡されます。

このカードには、その教員の新任の時から現在に至るまで、どの学校に、何年間勤務したかの、基本的な経歴が記載されています。また、その学校ではクラス担任だったのか、また経験した分掌、担当した部活動などの情報もあります。前任校での校長の評価コメントもあり、しっかり読み込んでいくと、どんな教員なのかが、おぼろげながら浮かんできます。

教育委員会に行き、そのカードの入った封筒を受け取ってくるのですが、配られる瞬間は、まさにトランプで「カード」が配られる時の心境です。

エースを放出したのに、同じ水準のカードがくることは保証されてはいません。また、その逆もあります。封筒をあけてカードを見ながら一喜一憂します。

前述したように、校長には、人事権はありません。

しかし、配属された教員を学校の中で、どの学年、分掌、部活動、委員会に配置させるか、また、担任か副担任か、主任を誰に任せるのか、こういったことを決めるのは、校長の専権事項です。

校長としては、なるべく教員本人の希望を叶えられるように配置します。しかし、それ以上に、学校全体の組織力が最大になることを考慮にいれなければなりません。国語、数学、英語の3教科の教員が学年ごとにバランスよく配置されているか、学年における男女比と年齢構成に偏りはないか、中期的にみて一度に教員が異動してしまうリスクはないか、教員同士の〝うま〟が合うか、など様々な状況を考慮してパズルのように組み合わせ、10通りくらいの原案をつくります。その原案を、副校長と話し合いながら、次第に絞り込んでいきます。迷っている時には、主幹教諭などに相談することもあります。

最終案では、何人かの教員の希望には沿わないものになってしまいます。希望にそぐわない配置になった教員に、それを伝えるのは気分のいいものではありません。それでも、考えに考えた末、この人事組織がベストなのだ、という自信があれば、説得する校長のほうにも迫力が出るものです。

校長は、教員をどう評価しているのか？

さて、教員の昇級、昇給を最終的に決定するのは、人事権を持つ都道府県の教育委員会ですが、その基礎データとなる、第一次評価を行うのは、校長の仕事です。普段から、観察記録や行動記録をとって、評価となる資料を蓄積させていきます。

年度末の迫った2月下旬には、教員の業績評価を行います。また、校長が独断で評価をしないように、副校長の意見を求めることが義務付けられています。

東京都の場合は、以下の大きく4つの項目について、評価をしています。

（1）学習指導：授業がうまいかどうか。分かりやすく指導をしているか。

（2）生活指導：規律のある学校生活を指導できるか。生徒を掌握できているか。

（3）学校経営：学校目標の実現に向けて、組織的な動きができているか。

（4）特別活動：部活動、委員会、地域の活動などにおいて、力を発揮しているか。

これらの項目について、それぞれ、A：優れている、B：よい、C：努力を要する、

D：非常に努力を要する、の4段階で評価します。A〜Dの4段階の評価基準は、絶対的な相対評価と呼ばれるもので、全員にAを付けることはできず、たとえば、Aは教員の30パーセント以内、Bは50パーセント以内といったように、おおよその割合が決められています。

こういった教員評価をするうえで、生徒のアンケート調査を参考にすることもあります。例えば、和田中では生徒による授業評価を年に2回実施していて、教員の授業が、「分かりやすいか」「リズムやテンポがよいか」「聞き取りやすいか」など、10項目の質問をしています。生徒の意思が、否定的か、肯定的かが明確になるように、「どちらでもない」という項目を入れず、大変そう思う、思う、思わない、全く思わない、といった4つの選択肢にしています。本来は、先生方の授業改善に役立てるものではありますが、教員の学習指導を評価するための資料にすることもあります。

こうして校長が、資料で裏付けを行うのも、教員には自分がどんな評価を受けたのかを知ることができる「開示請求」という制度があるからです。その評価を見て、教員が納得のいかない場合には、校長、さらには教育委員会にまで、その詳しい説明を求めることができます。校長は、開示請求されることを前提にして、その根拠を説明できるように、事実や記録を積み重ねていかなくてはなりません。

ちなみに和田中では、半分近くの教員が業績評価の「開示請求」をしていました。というのも、私自らが、「できれば開示請求して欲しい」と先生方に伝えていたからです。私が高い評価をしているのにもかかわらず、「校長には評価されていないのでは」と思われるのではもったいないし、私が低い評価をしている先生には、「どこが課題で低く評価をしているのか」しっかりと認識して欲しかったからです。

「教育委員会」と「教育委員会事務局」

ここまで「教員」と「校長」との関係を中心に話をしてきましたが、この項では、改めて「教育委員会」について、説明をしたいと思います。

教育委員会について丁寧に説明しようとすると、戦後の日本の教育制度の成り立ちにまで、さかのぼらないとなりません。

戦後、連合国軍総司令部（以下ＧＨＱ）は、日本が軍国主義の道を歩んだのは、「天皇制」や「神道の教義」などを持ち込んだ、学校教育に問題があったのではないかと考えました。そこで子供たちが二度と国家教育の影響をうけないように、ＧＨＱは、教育行政を、

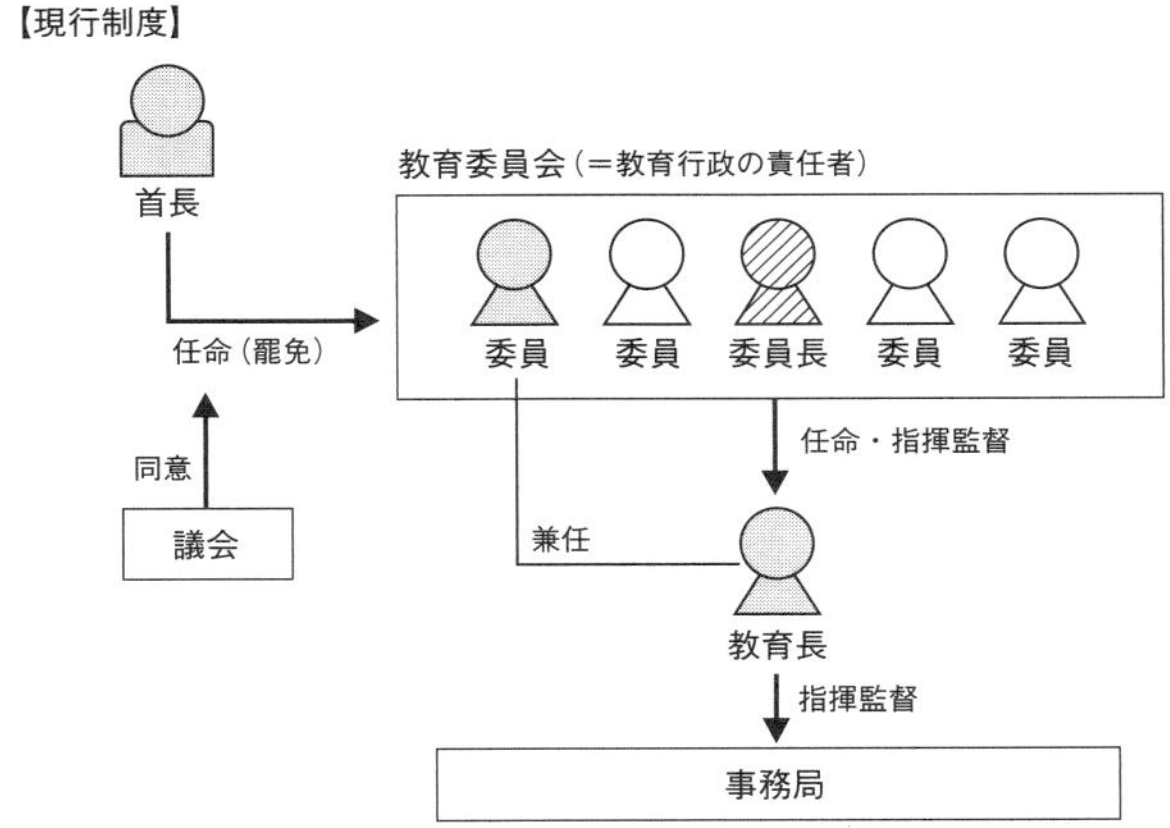

図 3-1　教育委員会の仕組み

権力の支配から独立する「教育委員会」に委ねることにしました。この教育委員会は、各自治体に設けられ原則５人程度の教育委員によって構成され、議会で同意を得た後、首長が任命し、政治的には中立な機関として活動できるように位置づけました（図３－１参照）。

ところが、戦後から年月を経ていくうちに、ＧＨＱの思惑とは別に、実態としては、教育委員会は、ほとんどの自治体で有効に機能しなくなってしまいました。その理由として、教育委員は教育に関する有識者であっても非常勤であり、委員会も毎月２～３回程度しか開かれないため、問題が起こっても迅速に対応することができません。また、教育委員は現場の実務には携わっていないので、いわば評論家の集まり的な存在に弱体化してしまったのです。

その一方で、大きな責任を担ってきたのが、教育委員会の監督の下に、その権限に関わるすべての事務をつかさどる「教育委員会事務局」です。教育委員会事務局の仕事は、学校の設置、修繕などのハード面から、教育ビジョンの策定、教員の研修、文化行事の運営などのソフト面まで、幅広い教育行政の事務を担います。役所の中でも、ひとつのフロアをしめる比較的大きな組織です。そして、教育委員会事務局を指揮、監督するのが、教育委員の中から任命された「教育長」です。この教育長に、教育に関するあらゆる権限が集中することになりました。

本当にややこしいのは、先生や保護者などが〝教育委員会〟と呼んでいるのは、実は「教育委員会事務局」のことで、事務局を省略した通称なのです。5名の教育委員で構成する「教育委員会」とは全く別物であるにもかかわらず、同じ呼び方がされるので、かなり混乱をするのです。

もう一度整理しますが、制度上の意味で「教育委員会」と言うと、原則5名の教育委員から構成される「教育委員会」のことを指します。ときどき、教育委員会廃止論が唱えられることがありますが、それは、こちらの教育委員会のこと。

そして、この「教育委員会」下で、その権限に関わるすべての事務を行っているのが、「教育委員会事務局」で、一般的に〝教育委員会〟と呼ばれているのは、この「教育委員会事務局」のことです。ここは、学校運営になくてはならない広範な業務を担当しており、決して廃止をすることができる類のものではありません（図3-1参照）。

【よく聞かれた質問　④】

質問：最近「教育委員会改革」という言葉を聞きますが、具体的にどういうことなのですか？

回答：現在の安倍首相の下で進められている「教育委員会改革」は、責任の所在があいまいで、スピーディーに対応できない「教育委員会」のありかたを改革しようとしているものです。具体的には、教育行政の責任と権限を、「教育委員会事務局」のトップである「教育長」へと集中していくというものです。

実際に、先駆的な教育改革を実践している自治体は、教育長が、首長から実質的な責任と権限を任され、大胆に推進しているケースがほとんどです。

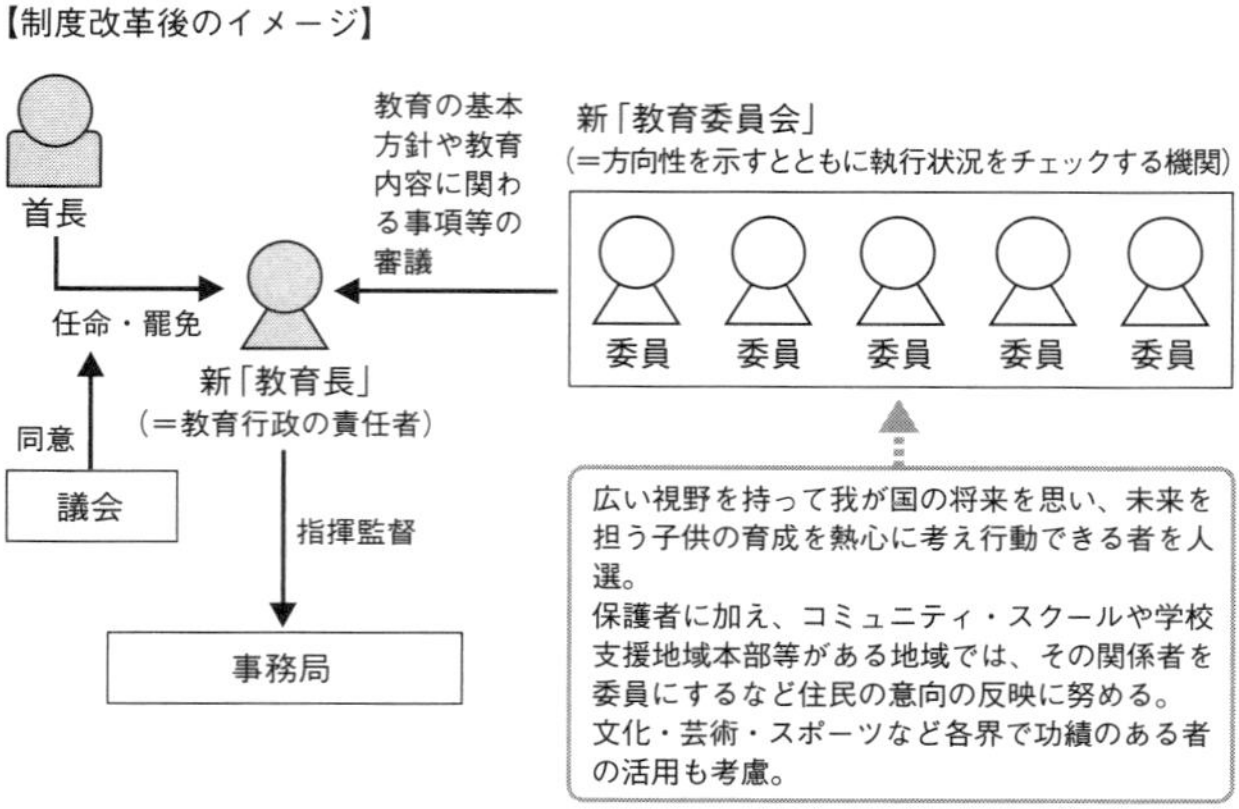

図 3-2　教育委員会の改革案

この改革の問題点として、首長が教育長を任命、罷免できることで、政治家である首長が教育行政に今まで以上に関与できることになり、教育の中立性が維持できるのか、ということが指摘されています（図3－2参照）。

教育委員会は味方？　敵？

教育委員会事務局に電話一本でなんでも相談できるような、良好な関係を作っておくことも校長の大事な仕事です。

教育委員会事務局では、学校の教育環境を整備し、その教育内容を高められるように、学校単体ではできないことを組織的にサポートしています。校長は、学校内では対処が難しい時、また、報告の必要性がある時は、教育委員会事務局の担当部署に速やかに連絡し、解決に向けて迅速に手を打っていきます。

このように、教育委員会事務局は、学校をあらゆる面で支えてくれる組織ではありますが、時として、学校の制約になったり、負担になったりすることがあるのも事実です。

こんな出来事がありました。

和田中ではタブレット端末をいち早く導入し、デジタル教育の先進的な取り組みを始めていたので、杉並区の教育課題研究指定校となりました。そこで、まずはその研究主題（テーマ）を決めることになりました。和田中が掲げたテーマは「ＩＣＴ（Information and Communication Technology）を活用した世界標準の学力を目指して」というものでした。従来の画一的な研究目標では、教員の意欲はたいして上がらない。そこで、気概を高くもって取り組めるように、高い志のテーマを掲げました。教育委員会にも報告し、担当者は意欲的な取り組みだ、と評価していただいていました。

ところが、その研究主題で発表する日が近づき、通知文を出すタイミングになって、教育委員会が、「研究主題を変更しなさい」というのです。理由は、「世界標準レベルと言えるほどの実績が出たのか」と言うのです。

研究発表に向けては、教育委員会の教育センターの担当者が、親身になってアドバイスをしていただき、本当にありがたいと思っていました。それにもかかわらず、組織としては世界標準というテーマが公立中学校にふさわしくないと言うのです。この研究主題にそって活動をしてきたのに、最後の発表の時だけ、看板を下ろすのは納得ができません。結局、その指示にしたがわずに続行しましたが、本当に些細なことで、大きなしこりが残りました。

教育委員会と学校は、このようなことが無いように、日ごろからコミュニケーションをとり、信頼関係を構築していくことが不可欠だと思いました。

ゆとり教育は、なぜ、失敗したのか？

この章では、ここまで「教員」と「校長」と「教育委員会」との関係について述べてきましたが、「ゆとり教育」の失敗は、教育の三重行政と現場との問題に係ることなので、最後に私の意見を述べさせてください。

今、教育現場では「ゆとり教育」から、「脱・ゆとり教育」の方向で進んでいます。10年ぶりに改訂された新しい学習指導要領では、授業時間が1割ほど増えて、主要な教科書でいうと1割〜2割程度ページ数が多くなっている勘定です。

この学習指導要領とは、小中学校、高校などで教える内容について、文部科学省が示す手引書のようなものです。文部科学省→都道府県教育委員会→市区町村教育委員会→学校という管理体制のなかで、学校は、学習指導要領に沿って行われるよう指導されています。

ゆとり教育の本来の目的は、「円周率を3で教えなさい」とか、「授業時間数を減らしなさい」といったことではありませんでした。従来の詰め込み、暗記型の教育から、体験型の学習やグループ学習を増やし、コミュニケーション能力やクリエイティブな能力をより伸ばしていこうとする進取的なものでした。

私も、ゆとり教育を推進しようとしていた、文部科学省の官僚の方々とも話をする機会がありましたが、決して独自に思いついて進めたものではなく、また、その理念は、時代を先取りしたものであったと思います。

しかし、どうして、そのゆとり教育は失敗してしまったのか?

私は、この質問を現場の先生に直接投げかけてみました。すると、「現場状況が全く分かっていない」とか、「遅かれ早かれ、失敗すると思った」と、かなり辛辣なものでした。

例えば、ゆとり教育の象徴であった「総合的な学習の時間」は、生徒自らが課題を見付け、自ら学び、考えることを通して、知識伝達型の授業からの転換をはかっていくものでした。しかし、現場の教員は、そういった授業を経験していないし、そのノウハウはありません。多忙な教員は、わずか数時間の授業のために、必要以上に精力を注ぎ込むことはできません。その結果、「総合的な学習の時間」は、現場でその進め方や効果的な運用が確立されずじまいで、ただ押し付けられただけの形になってしまいました。ほとんどの教員は、「お手上げだった」そうです。

つまり、ゆとり教育の理念は、現場にはしっかりと浸透することはなかったし、また、現場の状況は、文科省に理解されていなかった結果なのです。

なぜ、こういうことが起こってしまうかと言えば、文部科学省、都教委、区教委という、教育の三重行政の問題だと思います。この3つは、同業種でありながら、構成メンバーや目的が違う3つの別会社のようなものです。学校現場の声は、区教委、都教委と上っていく間に、文部科学省には届かないし、文部科学省の理念は、都教委、区教委を伝言していくうちに、学校現場には伝わらないのです。

ゆとり教育を、上意下達で考えるのではなく、子供と対峙している学校現場を中心に据えれば、このようなことにならなかったと思います。

第4章

校長と教員、地域住民、時間、お金
——校長のマネジメントとは(1)

ここからの2つの章では、学校を、企業と同じようにひとつの組織として考えた場合、トップである校長のマネジメントはどうあるべきか、ということについて考えてみます。

マネジメントとは、「ひと、モノ、金、情報、時間といった経営資源を活用し、組織における『成果』を最大化する」手法のことです。日本語として翻訳される「管理」という言葉以上に、効率性や発展性の意味合いを含んだものが、マネジメントと言えるでしょう。

繰り返し述べて来たように、私は、周囲から見ればいきなり落下傘のように降りてきて、教員経験のないまま校長になりました。こうした、ぽっと出の校長が、ひと、モノ、金、情報、時間を組み合わせ、学校をマネジメントするなんてことが、はたしてできるのでしょうか?

私の前に校長を務めた藤原和博氏の時代にも触れながら、私が5年間で行ってきた、校長のマネジメントについて話します。

東京都初の民間人校長が和田中学校にやってきた

以前は、校長といえば、教員が昇進を重ねていった末にようやくたどり着けた地位で、双六《すごろく》でいう「あがり」のポジションのようにも言われていました。しかし、地方分権、規制緩和をキーワードとした改革の流れの中で、学校教育法が改正され、2000年4月以降は、たとえ教員の免許状を持っていない民間人でも、校長になれるようになりました。

そして、2003年4月、東京都で初めての民間人校長となる藤原和博氏（以下、藤原先生）が杉並区立和田中学校の校長に就任しました。

藤原先生は、私と同じリクルート社の出身で、10年歳上の先輩になります。東京大学卒業後、当時は創業20年に満たないリクルートに入社。東京営業統括部長、新規事業担当部長などを歴任し、1996年には、第1号フェロー（年俸契約の特別職）になるなど、後輩の目から見てもスーパースターのような存在で、その活躍度合いは飛び抜けていました。

その藤原先生の5年間の学校改革は、地域住民が学校を支える「地域本部」の設立、大人と一緒に社会問題を議論する「よのなか科」の実践、私塾と提携した夜間特別補習授業「夜スペ」の開始など、学校内では限られていた「ひと」という資源を、学校の外部から積極的に導入したものでした。つまり、学校経営を教職員だけでなく、地域や企業の力を活用しながら、学校に関わる多くの人たちの力で行ったのでした。

藤原先生の取り組みは、民間人校長という存在も世に知らしめることになりました。

しかし、民間人校長という制度ができてから今年で10年以上が経過しましたが、民間人校長の数はそれほど増えているわけではありません。２０１１年度の文科省の報告では、民間人校長は全国で１２５名、中学校に限ると16名。国公立の小・中・高校がおよそ３万７０００校あることを考えると、全体の普及率は約０・３パーセント、中学校に至っては、約０・１パーセントで、極めてマイナーな存在のままなのです（※２）。

この数字だけみると、「民間人校長であればいい」ということではなさそうです。

藤原校長から受けた後継者としての打診

藤原先生から次期校長への打診があったのは、私が起業した会社が４年目を迎え、ようやく経営が軌道に乗り始めた２００７年の春でした。

藤原先生と私とは、リクルート社で上司、部下のような親しい間柄ではありませんでした。ただ、私が起業した会社では、作家村上龍氏との共同事業に取り組み、子供たちの将来のために、『13歳のハローワーク』の公式ウェブサイト（http://www.13hw.com/）を運営していたので、その事業の面白さが藤原先生の目にとまったのかもしれません。

「校長に」という話を頂いた時には、指名してくれたという嬉しさもありましたが、突然教育の世界に入り、教員や保護者とうまくやっていけるのか、とても心配でした。また、こういう言い方は反発を招くかもしれないのですが、インテリジェントオフィスでずっと働いてきた自分が、古い校舎の小さな校長室の中に閉じこもっていることができるのか、正直、不安でした。

加えて、「校長になる」という選択は、社員や取引会社に迷惑をかけるのではないかと随分悩みました。そこで、社員には、校長就任の打診があったことを正直に話しました。すると、意外にも社員全員が一も二もなく賛成し、むしろ「ぜひ、頑張ってください」と、温かく応援してくれたので、背中を押される形で、校長職にチャレンジする決意を固めました。

ちなみに、校長になった後で、よく言われたのが、

「あの藤原先生のあとを、よく引き受けたね」。

ということ。しかし、これについては、自分では逆でした。「藤原先生の後だからこそ、自分らしくできるだろうな」と思っていました。というのも、改革がもの凄いペースで行われていたので、少し立ち止まりながら、改革によって生じたひずみを修正していく必要もあるだろう。企業などでは、一筋縄ではいかないビッグプロジェクトを修正しながら軌

道に乗せていくことを、「たたんでいく」という表現を使ったりしますが、上手に「たたんでいく」ことは私自身が得意とするところでもありました。

それに、事業を立ち上げ、強引さが必要な創業者と、それを安定させていく2代目社長とでは、おのずとマネジメントの手法は違うものです。確たる自信があったわけではありませんが、自分らしくやっていけるだろうとは思っていました。

2007年6月、和田中の学校運営協議会から次期校長としての推薦を受け、同年11月には東京都の校長採用試験に合格、2008年4月より、2代目の民間人校長に就任しました。

招かれざる、新校長

私を迎え入れてくれる先生方の雰囲気は、好意的というより、やや冷ややかでした。「今度の民間人は、どんなヤツなのか?」と、警戒心を募らせている感じでした。職員室で、初めて挨拶した後の拍手が、まばらだったことを覚えています。

そんな空気を察知して、初めての職員会議では、「遠慮なく、何でも言ってください」と、丁寧に挨拶をしました。そのせいでしょうか、最初の2~3回こそ平穏無事でしたが、しばらくすると、校長からの提案に関しては、遠慮もせずに言いたい放題で、職員会議はたびたび紛糾してしまいました。

去年まではどうだったのか、その様子を聞いてみると、「会議はいつも藤原先生の独壇場だったし、提案に対して反論をすると『24時間以内に対案をもってきなさい』と厳しく言われるので、おいそれと意見もいえなかった」。また「和田中の新しい取り組みを、新聞を読んで初めて知った」こともあったそうでした。

また、私が校長になった時は42歳で、教員約20名のうち、半数以上が私よりも年上でした。しかも男性に限っていえば、私より若い先生は1人しかいませんでした。

そんな状況も相まってか、今まで溜まっていたものが一気に爆発した感じでした。ただ、それでも、「遠慮なく、何でも言ってください」と言った手前、批判的な発言があっても口を挟まず、聞き役に徹し、持ち前の明るさだけは忘れないように心がけていました。

実は、初めのころ、会議の前はいつも憂鬱でした。新しいことを提案しても、すぐに反論されて、説得するのに苦労をしていたからです。しかし、副校長はすでに強力な味方になっていましたので、それほど孤独ではありませんでした。

あるとき、紛糾した職員会議が終わったあとで、副校長が「先生の態度、いいと思いますよ。このまま聞く姿勢を貫いていけば、必ず味方になってくれる先生方がでてきます」と笑顔でささやいてくれました。

教員の声に、素直に耳を傾けるように努力した

就任後、半年を過ぎたころの出来事です。

「プロのバスケットボール選手たちを呼んで、部活で一緒に練習をさせたい」と職員会議にプロ選手との合同練習を提案しました。私の友人がバスケットボール日本一にも輝いた日本リーグのリンク栃木の社長をしており、和田中バスケ部との合同練習をお願いしたら、すぐに快諾してもらえたのでした。チームには、日本人初のＮＢＡプレーヤーである田臥勇太《たぶせゆうた》選手もいましたので、先生方にも当然、賛成されるものと思っていました。部活の顧問にも根回しをし、事前の運営委員会にも通しました。先生方には、できるだけ気を遣って進めたつもりでしたが、職員会議では反対意見が続出しました。

「ダンクシュートをして、リングが壊れたらどうするのか」「バスケ部だけいい思いをして、不公平になりはしないか」「生徒が学校に携帯電話を持ちこんで、規律が乱れる」「卒

業生がやって来たら、だれが対応するのか」「年間計画にないものを急にやるのはどうか」、などなど。やつぎばやに出てくる反対意見に、いじめられている気分でした。また、その一方で、新しいことに取り組まないことに理屈をつけることは、実に簡単なものだ、とも思いました。

そこで、心配される懸念をひとつひとつ解消し、最後は校長が責任を負うことで、なんとか議案を通しました。

いざ、合同練習のことを生徒たちに伝えると、バスケ部の盛り上がりとは裏腹に、「バスケ部だけ、ずるくない?」「携帯電話、もってきていいかな?」と他の生徒がざわめきたっているのです。私あてに、卒業生を名乗る女子高校生から、練習に参加してもいいかという電話もかかってきました。

先生方が指摘したことが現実になり、「なるほど、こういうところまで配慮しなくてはいけないのだ」と思いました。リクルート社のようなベンチャー企業の感覚だと、「やってみなはれ」の精神で、とりあえず前に進めて、なにか問題があれば軌道修正していこうと考えがちですが、学校現場では、それでは危険が多すぎる。教員には、生徒の危険を察知する嗅覚が備わっていると感じました。

それ以降は、先生方が反対意見を言っているときは、「この先生は、私をいじめているのか」と思わずに、「どうしてこんなことを言うのだろう、何か危険なことがあるのかな」と、以前にもまして、注意して聴くようになりました。

なぜ、教員は新しいことに挑戦しなくなったのか?

「昔の教員は、もっと新しいことに柔軟だったのになぁ」。

私には、そういう思いがありました。昔と言っても、知っているのは自分の子供のころの郷里の経験でしかありませんが。

子供達にはいいことのように思えても、なぜ、教員は新しいことに挑戦しなくなったのか。以下、私なりの考察を述べてみたいと思います。

私が小学生の頃、夏休みには、担任の先生の実家に、バスに1時間くらい乗って遊びに行っていました。先生の実家は、人もまばらな山の奥にあり、流れの速い川で泳いだり、魚を釣ったり、畑の大根をそのままかじったり、はたまた地下トンネルで冒険をしたり。忘れられない、数々の貴重な体験をさせていただきました。その当時を振り返ると、先生に対する感謝の気持ちでいっぱいです。

しかし、今は、こういったことは残念ながら許されません。行き帰りに交通事故にあったら、川に流されたら、食中毒になったら、暗闇で行方不明になったら、教員、および校長の管理責任が厳しく問われてしまいます。もちろん、教育委員会も認めることはありません。校長は、そういった教員に対して「子供を想う気持ちは分かるが、責任のとれないことはやめなさい」と言わなくてはなりません。

事の良し悪しは別として、時代の流れとともに、何か事故が起これば、学校現場の管理責任が厳しく追及されるようになり、教育委員会による学校管理があらゆる点で強化されるようになりました。

かくして、教員には、「新しいことをして、混乱したり、失敗したりするよりも、そのままやっていればいい」という前例踏襲《とうしゅう》主義、事なかれ主義的な考え方が支配的になりました。その結果、教員が新しいことに挑戦する風土が無くなっていったのだと思います。

また、教員が新しいことに取り組まない、もうひとつの理由として、教員が「忙しくなった」ということもあると思います。

私が社長をしていた時は、朝から晩まで会社にいて、土日も出社し、1ヵ月に数日しか休暇を取りませんでした。そんな経験をもってしても、学校の教員は忙しい、と感じました。それは、単に労働時間が長いとか、仕事量が多いとか、そういったものとは、少し別ものので、精神的に忙しいと感じる「多忙感」といったようなものです。２０１３年３月、うつ病など精神的な病気になる公立学校の教員が、過去10年間で約２倍に増えているという報告がなされています（※３）。

それでは、なぜ、それほどまでに忙しくなったのでしょうか？

まずは一つ目の理由として、「躾《しつけ》」のかなりの部分を学校が担うようになったということが挙げられます。その背景には、家庭環境の変化があります。夫が雇用者である世帯における共働き世帯の割合は、１９８０年から２０１０年までの30年間で、35パーセントから20パーセント増えて、今は55パーセントを超えています。また、全世帯に占めるひとり親世帯も約９パーセントに増加しています（※４）（※５）。

つまり、かつては家庭が担っていた細かい「躾」の役割を、学校が担うようになってきたのです。家庭で、子供の面倒を見る大人の数と、その時間が明らかに減ってきた影響で、挨拶をする、時間を守る、返事をする、さらには、汁椀の置き方から箸の持ち方まで、基本的な生活習慣や礼節、躾を学校で指導しなくてはならないのが実態です。これは学校じゃなくて、家庭の問題だろう、と思うことがたくさんありました。

そして、もう一つ、教員が忙しくなった理由は、学校は、「権威」によって生徒や保護者からの批判や非難を抑えることができなくなったからだと思います。

少なくとも30年前までは、挨拶ができなかったり、返事ができなかったり、ルールを破ったりする生徒がいたら、大声で一喝すれば、たいていの生徒は、言うことを聞いていました。今なら体罰として問題になりそうな指導にも、多くの保護者は文句をいうことはなく、むしろ有り難いと思っていました。躾は家庭の役割で、「家でしっかりとやってください」と言えば、「はい、すみませんでした」という保護者が普通でした。ほとんどの生徒や保護者は教員の指導に従順で、生徒指導は、今よりもずっとシンプルだったと思います。

誤解を招かぬように言っておきますが、体罰が許されていいとか、家庭がもっとしっかりしなくてはだめだ、ということを言っているのではなく、かつて学校には確固たる「権威」があって、それを振り下ろせば、生徒や保護者の多くは従っていた、そんな時代があったということを言いたいのです。そして、そんな中では、教員は、授業や生活指導が忙しい、などとは感じていなかっただろう、ということなのです。

ところが、高度成長期時代を通じて起こった社会的、経済的な変化が、学校に大きな影響を与えます。以下に挙げる様々な変化が、次第に、学校の「権威」を崩壊させていきます。

まずは、教員より学歴の高い保護者の増加。高校へは100パーセントに近く進学し、大学へも50パーセント以上が進学する時代になりました。その結果、教員よりも高学歴の保護者が一定の割合を超え、「教員は教えるのが上手い」とか、「教員は偉い」という、かつては暗黙知的に信じられていたことが、そうではなくなってしまいました。

それに拍車をかけたのが、塾の台頭。コンピューターを使って的確な合否の判定基準を出し、塾には学校にない様々な指導のノウハウが蓄積され、やがて「塾に通わせたほうが学力は伸びる」といった考え方を、否定することはできなくなりました。

さらに、学校の相次ぐ不祥事と、それをめぐるメディアの報道も学校には大きなマイナスでした。教員の不祥事に関しては言語道断で、決して許されないことではありますが、学力の低下、いじめ、自殺といった社会問題化した事件が、すべて学校と教員に起因するものであるかのように報道され、学校の権威は失墜していきます。教育委員会を初めとする行政は、それに対応するために、いじめ調査、人権研修、道徳教育など、学校現場に直接、ありとあらゆる対応を迫るようになってきました。

そして、「勉強して、いい学校に行って、いい会社に入れば、一生安泰」という社会の前提が崩れたことが、とどめを刺しました。大学を卒業しても就職しない学生、働く意欲のないニートといった若者が増え、「学校で勉強したことが、必ずしもすべてではない」という新しい意識が、子供や親の中にも芽生えてきました。

以上のように、様々な社会的な変化のなかで、学校は、かつてのように「権威」によって、社会からの批判や非難を抑えることができなくなりました。

それによって、学校の閉鎖的、隠ぺい的な体質が改善され、風通しがよくなったのも事実です。ただ、その一方で、教員は、あらゆる事態を想定して、批判や非難を受けることの無いように、様々な書類をつくり、予防線を張りながら、それぞれの生徒に個別に対応をしていくうちに、「忙しく」なったのだと思います。

多くの教員は、昔も今も同じように懸命に取り組んでいるし、決してダメな教員が増えているわけでも、急に規律が乱れているわけでもないと思います。ただ、時代の変化の中で、学校と教員、生徒、保護者の関係性が変容してきているのです。

この章では、こうした受難の中で教員の忙しさを解消するために、私が校長として取り組んだことを紹介します。

校内研修をやめた――教員の忙しさを解消するためにしたこと(1)

「戦略とは、何をやらないかを決めることである」。

これは、アメリカの経営学者マイケル・ポーターの言葉です。また、マネジメントの神様、ピーター・ドラッカーが経営者の条件で強調しているのは、「優先」順位ではなく、「劣後」順位をつけること。つまり、やりたいことは常に無数にあるけれど、経営資源や時間は限られており、成果を挙げるためには、切り捨てていく判断こそが大事なのだ、という教えです。

教員の忙しさを解消するには、思い切って何かをやめなければ、と思いました。

そこで、和田中では、何をやらないことにしたのか。

その一つは、「教員の授業力を向上させるための校内研修」です。学校では、さまざまな校内研修が行われています。校内研修は、たいていがひと月に1～2回ぐらいのペースで、職員会議の後、もしくは、職員会議の時間を使って、1時間から1時間半ほど行われます。研修のテーマに応じ校内の教員が講師役を務めることもありますが、教育委員会から講師を派遣してもらうこともあります。一般的に授業力向上のための校内研修は、ある教員の模範授業を見て、それについて、他の教員がアドバイスを出し合う、といった形で行われます。参加はもちろん、必須です。

私自身、校長として教員の授業力をアップさせることは、とても大事な仕事だと認識しています。しかし、同じ校内研修に関していえば、学校の危機管理や発達障害の子供への理解、さらには教員の服務に関する研修などは、どうしても手を抜けません。その中で、授業力向上の研修については、区教委や都教委が主催するものが頻繁に開催されていて、出席も可能です。私が、ここで「やらない」、と言っているのは、あくまでも「授業力を向上させるための〝校内研修〟」です。

前にも触れましたが、私は1ヵ月に1度くらいの営業のための研修をしたくらいでは、その人の資質を上げることはできないことを、ビジネスマン時代に痛いほど味わっていました。「営業」と「授業」とを同列に扱ってはいけないのかもしれませんが、私にとっては、どちらの仕事も「人」を相手にする点でとても似ていると思います。少しくらいのテクニックを身に着けたところで、どちらも大きな成果をのぞめません。3日たったら忘れてしまうようなものではなく、本質的なものを身に着けるためには、膨大な時間の積み重ねが必要です。

また、ＯＥＣＤ（経済協力開発機構）の調査によると、世界先進17ヵ国のなかで、日本の教員の労働時間は年間１８８３時間で、アメリカに次ぎ2番目に長い。その一方で、労働時間に占める「授業に費やしている時間」は33パーセントで、加盟国中15位で、授業のために十分な時間を費やすことができていないのが実態です（※６）。研修をやっているより、授業の準備に時間を費やしていたほうが、教員はもちろん、子供のためにもなるのではないかと思っていました。

しかしながら、副校長からは、前の学校の経験を踏まえて「研修をもっとやったほうがいい」という提案を受けました。それでは、藤原先生の時はどうしていたかと聞くと、「時間がかかりすぎる」と一刀両断し、私と同じようなことを理由に挙げて、実施していなかったそうでした。

私も、授業力を向上させる機会は、校内研修以外の方法で行うことに決心しました。

結局、和田中では10年間、授業力を上げるための校内研修には、取り組みませんでした。しかし、結果としては、生徒の学力は、杉並区のもっとも低いところからトップレベルにまで向上しました。校内研修をやっていれば、もっと学力が向上していたのかもしれません。でも、やらなかったからこそ、先生に余裕が生まれて、学力が向上したのかもしれません。その検証は難しいでしょう。しかし、私は、後者の方が確からしい、と思っています。

さて、私は、学校管理職向けの専門誌に、「劣後」順位をつけるドラッカーの考え方を紹介し、授業力向上のための校内研修には取り組んでおらず、別のやり方で授業力の向上にアプローチをしている内容の論文を掲載しました。結構な反応があって、他の学校の校長からは、「おもしろかった」「参考になった」と褒めていただくこともあれば、「勇気があるなぁ」、と言っていただくこともありました。

しばらくして、教育委員会の担当部署から電話がかかってきました。「校長がこういうことを書くのは慎重に行って欲しい」とのこと。論文の内容に問題があるのではなく、研修をやらなくても学力が伸びるという「誤解を招く恐れがある」というのです。

こういうことで電話が入ってしまうようであれば、当然、率直な意見は書けるはずもなく、「勇気があるなぁ」と言った他の校長の言葉の意味がよく分かりました。

休日の活動は手伝わない——教員の忙しさを解消するためにしたこと(2)

次に、教員には、「地域本部」の活動に関しては、「やらなくていい」と伝えていました。正確に言うと、「関心は持ってもらいたい」という前提付きです。

和田中には、教職員だけでは手が回りきらない仕事や、さらには生徒の補習などを、地域住民がサポートしていく、「地域本部」という組織が発足していました。その活動が活発になるにつれ、私のもとには、「地域本部の活動を、もっと手伝ったほうがいいのではないか」という先生方の声が寄せられました。私自身も、最初のころは迷いがありました。しかし、活動の様子を把握できると、「気持ちは有り難いけれども」と前置きしながら、手伝わなくてもいい理由を伝えていました。

「地域本部」の目的の一つは、教員の負担を軽減していくことなのに、教員が手伝い始めれば、その組織目的があいまいになってしまいます。また、誰かが手伝い始めれば、どこまで手伝えばいいのか、その線引きも難しくなります。とにかく、教員の忙しさを解消するほうが先でした。

また、「休日の部活動」に関しても、「やらなくていい」という指示を出していました。ただし、生徒が不利益を被らない仕組みを用意したうえでの話です。

私が2年目を迎えたとき、そのきっかけになる出来事がありました。当時、サッカー部の顧問の先生から、「休日の指導はどうしてもできない」という申し出がありました。親の介護を抱えており、休日くらいはしっかり面倒を見てあげたい、ということです。そもそも、部活動は、学校の教育課程に位置づけられたものではなく、教員に義務付けられたものではありません。それでも、平日ならば無理を言ってお願いすることもできますが、休日ともなると、なかなか難しい。一般的な社会通念で考えても、週休2日制が定着していて、休日くらいは、プライベートな事情を優先させるべきだと思いました。

しかし、顧問の先生の意向を立てれば、今度は、生徒やその保護者からは「休日の部活動を実施して欲しい」という声が上がってきます。特に、他の部活が好成績を上げていたり、部員数が多くなって勝つことに貪欲になったりすると、なおさらです。

そこで、教員に頼らずとも、休日の部活動の指導をプロのコーチに外部委託するやり方を、その先生と一緒に模索し始めました。

こうして模索し始めた活動が次第に形になり、3年後には、サッカー部だけでなく、他の5つの部活動も関わる「部活イノベーション」（後に詳しく述べます）という学校挙げての活動になり、大きな成果を上げていったのでした。

地域住民の力を借りる——教員の忙しさを解消するためにしたこと(3)

さて、前項で「地域本部」の活動を、少し紹介しましたが、ここからは、校長が地域の住民とどうつき合っていくのかを話します。

2003年に藤原先生が校長に就任して早々、地域住民で組織する「地域本部」が発足しました。これは、学校では手が回らない、芝生の管理、図書館の運営などを地域住民の方々にサポートしてもらうためで、設立にあたっては、元PTAの会長や、自治会のメンバー、同窓会の役員など、ひとりひとりを口説いて回ったそうです。学校には「地域本部」専用の部屋が新しく用意されました。

私も、学校の現場に入り、教員の忙しさを実感するにつけ、教職員だけで学校運営することの限界を感じました。ただ、地域社会の人的資源を取り込むといっても、地域社会そのものがかつての結び付きやネットワーク機能を失っているし、黙っていても地域の人材が入ってくることはありません。そこで、学校の中に、地域の方々の活動拠点である「専用の部屋」をつくることの重要性を認識しました。そしてまた、その活動によって、よいまちづくりに繋がっていくのだと思いました。

私が赴任した時には、「地域本部」が発足して4年目を迎え、生徒の宿題や自習を大学生が中心となってサポートする、土曜日寺子屋（通称ドテラ）の参加生徒が100名を超えていました。先生役を務める大学生ボランティアのネットワークも、30～50名と大きなものになってきました。さらに、英語に特化した講座（英語Sコース）や、夜スペ（夜間特別補習授業）がスタートしました。ここにきて、地域本部の活動は、発足当初の芝生管理、図書館管理といったような学校のサポート的な活動から、生徒の学習を直接支援する活動へとシフトしていきました。

そして、地域本部の部屋は、いつも誰かが打ち合わせている、活気の満ちた活動拠点になっていきました。

活動を始めた当初は、区から支援される50万円程度の補助金で、経費やボランティアの交通費等をまかなっていましたが、スタッフの数も回数も多くなり、それだけでは運用できないので、参加者から最低限の受講料をとるようになりました。たとえば、ドテラの参加者は、1回（3コマ）500円、英語Sコースは、1回（3コマ）1000円といったように、それぞれの講座の料金を決めていきました。

こうして、全校生徒の4割近くにおよぶ200名近くが、地域本部の活動に参加し、そこで学ぶようになりました。

しかし、活発な活動の裏側では、私が案じていたことが起こっていました。保護者から徴収する金額が、1，000万円近くになってしまい、このお金の扱いがうまくできずに混乱をきたしていたのです。受講料を払う保護者の間からも、会計がずさんなのでは、という声があがってきました。ただでさえ、料金の違う複数の講座があり、講師やボランティアの交通費の支払い先も多いうえに、講座のスタート時期が違うので、決算では講座ごとに「期ズレ」も起こします。また、どの講座が使用したかが特定できない「共通費」も必要。さらには、料金の未納者も出てきて、回収業務も必要な状態でした。

これらは、専門的な会計知識がないと到底できることではありません。地域本部の方々も、新しく来た校長が、「お金のことは、しっかりして欲しい」と、ぴしゃりと言うので、かなり面食らっていたのではないかと思います。でも、善意の信頼関係が崩れていくのは、お金のトラブルであることを、ビジネスの経験を通じて感じていました。

そこで、知り合いの会計士に協力してもらって事業部別の会計システムをつくり、会社の経理をしていた方に新しいスタッフになってもらったり、ビジネスの経験が豊富な方に責任者になってもらったりして、お金のことについてしっかりとした体制を整えました。

それ以降の運営は、安心して見ていることができるようになりました。

一方、地域本部の活動に対しては、職員会議では、先生方からたびたび不満がでていました。生徒が、土曜日にお菓子を持ち込んだり、また窓ガラスを割ってしまったり、「地域本部の指導が甘いせいで、学校の規律が乱れている」と公然と批判する先生がいました。そういう教員の声を地域本部の方々が聞くと、「私たちは一生懸命にやっているのに、そんな言い方をしなくても」と、不信の連鎖が始まりました。

ただ、学校現場に入り、先生方が、そういう厳しい発言をする気持ちがよく分かりました。学校では、400名を超える生徒を、朝から日が暮れる夕方までの約10時間、たかだか20名程度の教員でやりくりしているのです。外の世界からは想像もつかないほどの細かい目配りと実践をくりかえしながら、ぎりぎりのところで頑張っています。ほんの些細な規律の乱れから、学校が崩れてしまった事例をたくさん聞きました。

ボランティア組織であろうとも、お金に関してはきっちりと整備する必要があったように、組織を持続していくためには、活動のレベルを一定の水準に保つ規範が必要です。たとえボランティアであっても、生徒を指導する意識については、学校の指導のレベルを理解してもらうように、お願いをしました。

ただ、学校側がお願いをしてばかりでは、今度は地域の方々のモチベーションが高まりません。地域本部の方々のモチベーションは、もちろん報酬ではありません。大事なのは、意味のあることに関われる機会、すなわち、子供たちの成長を実感し、うれしいと思える機会なのです。

地域本部の活動が、芝生や図書館の管理といったサポート的なものから、生徒の学習を支援する活動へとシフトしてきたのは、仕事としてはより責任のある大変なものになりながらも、より子供の成長を実感できるからであり、その点では、自然な流れだったのです。

地域本部が上手くいくための3つのポイント

和田中の「地域本部」の活動が発端となり、杉並区では、8年後の2012年には、小学校44校、中学校23校、すべての学校において、「地域本部」と同様の「学校支援本部」の組織が設置されました。また、文部科学省からは、普及のための予算支援があり、こうした取り組みが全国8，560の小中学校にまで広がっています〔学校支援地域本部 http://www.mext.go.jp/a_menu/01_l/08052911/004.htm〕。

先述したように、和田中には、大変多くの「視察」の方々がやって来ます。毎週土曜日には、地域本部のスタッフが約10名、大学生が約20名、そこに保護者の会のスタッフが参加して、年間30回で、のべ約1，500名程度がボランティアとして活動していることを話すと、一様に驚きます。続いて、「うちの学校では、なかなかうまくいかないけれど、どうしたら、うまくいくのか」という質問を受けます。そんな時は、「お金をしっかりと扱うこと」を前提にして、以下、3つのアドバイスをしていました。

まずは、「教員が一生懸命に関わりすぎないこと」。

前にもふれましたが、そもそも、地域本部の活動は、教員をサポートし、負担を軽減するための組織なのに、教員自身が一生懸命になってしまっては本末転倒です。多くの学校では、教員が土曜日も学校を切り盛りしているのが現状で、教員が積極的に関われば関わるほど、地域本部にとっては、「自分たちでやっている」という、主体的な気持ちが薄れてしまいます。

とはいうものの、前述したとおり、私自身も、最初のころは迷いがありました。もう少し教員が活動に関与したほうがいいのではないかと思っていました。ある時、英語の先生に声をかけ、土曜日英語コースの授業をみてもらいました。その授業をみて、その先生は

「このまま、私とか校長先生が、あまり言わないほうがいいですよ」と助言をしてくれました。「授業の内容は良く練られているし、うまくいかなかったときは、その時に修正すればいいので、この調子でどんどん高めてもらいましょう」、ということでした。

はたして、英語コースはその先生の予言どおりに進化していきました。外語大を卒業し、6ヵ国語ぺらぺら、70歳を迎えた自称「地域のジジイ」のSさんが、英語コースの事業部長として大活躍。外国人講師を中心とした魅力的なカリキュラムを次々と創りだし、2012年には、ついにドテラの参加人数を超え、100人近い生徒が受講する人気講座になりました。英語コースのおかげで若々しくいられるというSさんの笑顔は、子供たちにも大人気です。

二つ目のアドバイスは「教員が関わらないとはいえ、無関心ではいけないということ」。

地域本部の方々が、どんなに一生懸命やったとしても、教員がその活動について知らないのであれば、地域本部は学校の仕事のたんなる外注先、下請けになってしまいます。もちろん、丸投げされたほうも面白くありません。したがって、教員がその活動について意識ができるように、運営委員会や職員会議では、地域本部の本部長が出席したり、ホームページにも地域本部のコーナーをつくったりして、綿密な情報交換を行っていました。

「ありがとうございます」「いつも感謝しています」と、そんな言葉が、多くの先生から地域本部に発せられるような関係づくりが、とても大事なのです。

そして、三つ目のアドバイスは、「校長が、教員と地域本部との間をとりもつ蝶番《ちようつがい》になること」。

無給のボランティアである地域住民と、有給のプロである教員とが、一緒になって同じ子供たちを育んでいくのです。お互いに信頼しあっているか、それぞれが、同じ目線の高さで、同じ方向にむいているかは、とっても重要なことです。

私は、毎週土曜日の地域本部の活動には必ず顔を出し、2つの組織のバランスに気を遣っていました。

50分授業を45分授業にした理由

ここまでは、教員や地域住民といった「ひと」のマネジメントについて触れてきましたが、ここからは、「時間」という資源を校長がどうマネジメントしていくのか、話をしたいと思います。

校長のもっている権限のうち、もっとも大事なものの一つが「教育課程」を編成することです。文部科学省の学習指導要領に定められた各教科を、どんな時間割で行っていくのか、校長にその決定権が委ねられています。つまり、学校で流れる「時間」をどう使うかは、校長の腕のみせどころでもあるのです。

次の年の「教育課程」の編成へ向けた話し合いは、毎年9月くらいから始まります。

私が赴任して1年目、その話し合いが始まると、先生方からは「45分授業、週32コマ」をやめて欲しい、という声が相次ぎました。中学校の時間割は、標準的には、50分間の授業を1週間で28コマ行うのですが、和田中では平成19年度から授業時間を5分短くして45分とし、4コマ多い1週間32コマとしていました。50分と45分、たった5分の違いですが、実は大きな違いなのです。

まず、5分短いだけで、生徒の集中力が違います。苦手な教科に向かう生徒の場合は顕著です。その一方で、先生方にとっては、チャイムと同時に授業を開始し、今までの1割増しのスピードで授業を展開しないと、45分間で授業が終わりません。また、授業の回数は約1割多くなるわけですから、当然、負担は大きくなります。また、体育や美術などの実技教科や、理科の実験などでは、準備や片付けの時間が十分にとれないといったこともあります。

ただ、学校全体として見ると、通常よりも授業数が4コマ多くなった分を国語、数学、英語などに振り分けることで、反復学習や発展学習が可能になりました。

様々な視点で話し合いが繰り返されましたが、最後は、「生徒のためにはどちらがいいのか」という点に絞り込んで議論を重ねていきました。

しばらくすると、先生たちの間から、「教員はもっと早く教室に向かい、授業を時間どおりに始めるべきだ」とか、「早く教室移動ができるように、生徒の意識づけを行うことも必要」といった、どうやったらうまくいくのか、その解決策が出始めたのです。また、「放課後の時間に余裕があるので、部活や生徒会の活動をもっと充実させることを考えたらどうか」とか、「特色あるこの取り組みを成功させる、その意気込みこそが大事だ」といった、今までとは違った意見も出てきました。

議論を始めたころは、できない理由をいう先生方が多くて、「なんて後ろ向きなのか」とちょっと幻滅していましたが、生徒のためならば、こんなに前向きな議論ができるのだと、先生方の風向きの変化も感じるようになりました。

それでも、この結論を出すまでの約2ヵ月の間には、賛否両論が出続け、「藤原先生のトップダウンが懐かしい」とか、「結論を持っているのなら、先に言って欲しい」と言ってくる先生もいました。しかし、校長の責任において勝手に決めてしまうのは簡単なのですが、教員が自ら考え、納得しない取り組みであれば、持続はしないと考えました。

最後は、これまでの議論を踏まえたうえで、校長の決定事項として、来年度も「45分授業、週32コマ」で行う方針を発表しました。遠回りだったし、手間暇はかかりましたが、先生方の意識が少しずつ変わり、多くの先生がチャイムと同時に授業を始め、学校全体に流れるリズムが、明らかによくなっていくことを実感しました。

20分の朝学習で脳トレを実施

2年目を迎えたころ、私の問題意識は、和田中のいい状態を、どうやったら持続できるのか、ということでした。

今だから書けますが、私には、就任前から「5年の任期が終わったときには、次の校長は、民間人校長でなくてもできるように」、という極秘ミッションを教育長から与えられていました。教育長の言葉を借りると、「和田中を上場させよ」ということ。会社を創業するのは、ひとりのワンマン社長でもできるが、上場させるには、事業内容を透明化し、持続可能なものにする必要がある。和田中を、校長の能力だけで浮沈しないような学校にしなさい、ということでした。

それでは、和田中を上場させるには、どうしたらいいのか？

先生方は、5年もすれば、その大半がいなくなります。その入れ替わりの中で、学力を向上させるということに関しては、属人的な教員の指導力だけにたよるのではなく、何かの学習システムが必要だと考えました。

そこで、全校生徒が一斉に取り組む、モジュール学習（短い時間で弾力的に行える学習）を導入することにしました。学習指導要領では、学校ごとに、弾力的な時間割を組むことが認められています。前述した「45分授業、週32コマ」の時間割は、その制度の中で運用しているものなのですが、この時間割に加え、「45分授業、週30コマ」にして、「20分の朝学習」を取り入れたいと、職員会議に提案しました。

「20分の朝学習を導入することは、決定事項です。ただ、その内容については、先生方で考えて欲しい」ということを伝えました。「内容を決めるまでが校長の仕事ではないか」とか、「まずは、校長先生の意見を聞かせて欲しい」と言う先生方の声があがりました。ただ、先生方がどう反応してくるのか、2年目になるとよく分かってきたので、「私は現場経験も少ないし、実際に毎日指導するのは先生方ですから、主体的に考えてください」

と、冷静に私の考えを伝えました。

そして、9月から半年間、有志教員によるプロジェクトチームを結成し、朝学習の検討に着手しました。そして、最初の会議で、このプロジェクトの成功を予感しました。なんと、先生方から20を超えるアイディアが出てきたのです。たとえば、英会話のCDを聞かせて英語漬けにする「イングリッシュ・シャワー」とか、朝日新聞の朝刊を利用して「天声人語・書き写し」とか、音楽に合わせて体を動かす「モーニング・ストレッチ」など、なかなか捨てがたいものが出てきました。

予想以上のアイディアが出たため、今度は、絞り込むのに時間がかかり、次第に混沌とし始めました。そんな時、ある先生が、「新しい取り組みに対しては、生徒をモルモットにするな、などとネガティブな意見をいう保護者も出てくると思います。説得力をもつためにも、客観的に証明されている必要があるのでは」と言いました。そこで出てきたアイディアは「脳トレーニング（以下、脳トレ）」でした。「脳トレならば、どんな生徒でも意欲的に取り組めるし、継続すれば、記憶力と集中力が伸びることが科学的に証明されている」と続けました。

「じゃあ、プログラムの開発は、脳科学の第一人者、有名なあの川島教授にお願いしたらどうか」「校長先生、アポイントメントとってください」「新キャラクターのデザインを生徒に募集しよう」次々と発言があいつぎ、一気にその方向性で決まっていきました。

その半年後の4月。東北大学、川島隆太教授に来校いただき、保護者も含めた全校生徒の講演会で、脳の仕組みの話から、脳トレの効果について話をしていただきました。その翌朝の8時20分から、川島教授の最新の脳科学にもとづいた、3分間の計算、音読、英語リスニングが開始されました。

川島教授から繰り返し言われたことは、「脳トレが子供の脳にとっていいことは証明されています。しかし、2年以上継続した学校はほとんどありません。生徒は単調なことに飽きてしまうし、先生の入れ替わりもあって、継続して運用することが難しいのです」。もしそうだとすれば、この朝の20分の学習を継続的に実践できれば、和田中のいい状態が持続できるのではないか、そんな確信めいたものが生まれはじめました。

その後の3年間、「脳トレ」は改善につぐ改善を繰り返しながら、継続されました。

平成25年度、私が退任した後も、「脳トレ」は継続しています。「上場する」ために必要な、経営トップが代わっても、組織を向上させていく持続可能なシステムが、和田中にはしっかりと根付いています。

学校の「公費会計」という仕組み

この項では、校長による「お金」のマネジメントについて話します。

学校は、市区町村の教育委員会から、「公費会計」と呼ばれる、予算が令達《れいたつ》されます。

もちろん令達予算の総額は、生徒数や校舎の築年数によって違うのですが、生徒数が450名規模、校舎が古くて補修費がかかる東京杉並区の学校で、およそ2000万円程度です。その予算の6〜8割近くが、子供達が授業で使う備品の購入に使われます。理科であれば顕微鏡やビーカー、体育であればバスケットボールやサッカーゴール、音楽であれば、楽器やメトロノーム。また、授業のワークシートやテスト用紙、そのためのインクといった印刷関係のお金もこの予算の中に含まれます。

その次に多いのは、校舎補修の費用です。安全のためのスロープを取り付けたり、はがれかけた壁を塗り直したりします。

こうした予算執行と管理をしているのが学校の事務職員です。事務職員は、都道府県の職員が1名、市区町村の職員が1〜2名、配属されています。

事務職員は、企業でいう、経理と総務の業務を一手に引き受けているようなもので、このスタッフの動きによって、学校全体の動きが随分と変わります。水道の水漏れがあれば、校舎の設計図を取りだし、すぐに業者を呼んで修繕をしたり、老朽化して危ないと思われる個所があれば、校長に提案してくれたり、指示を待たなくてもどんどんと行動してくれます。

予算の執行にあたっては、まずは事務職員が提案して、起案者印を押し、その次に、副校長印、そして最後に、校長の決裁印が押されていきます。ひとつ一つの予算書に目を通すのは、校長の大事な仕事なのですが、これらは、ほとんどが必需品であり、職員会議でも大筋合意を取っているものなので、決裁印を押さない、ということはまずありえません。

別の言い方をすると、「公費会計」は、校長が戦略的に使えるものではありません。校長が独自に決裁できる金額はせいぜい50万円が上限で、和田中では、その50万円を学校案内の印刷代に充てていました。

お金が無くとも、知恵を絞る

戦略的な予算が無いといっても、そこは、校長の知恵の絞りどころだと思っています。

和田中学校は、特別な予算に恵まれていると誤解している方も多いのですが、実は、和田中が特別に予算を優遇されているということは一切ありません。

例えば、視察に来られた方々に、「よのなか科のゲスト講師の方々へは、いくら払っているのですか？」とよく聞かれましたが、実際に謝礼は1円もお支払いしていません。講師の方々のご厚意に甘えているので、威張って言えることではないのですが、年間のべ50名近くの講師の方々へ、仮に一人1万円を支払っていたら50万円を超えてしまい、学校ではそのような予算を捻出できないのです。

約300円の自慢の学校給食を、校長の私費で食べていただきましたが、「中学生と議論して、ほんとに面白かった」と感じてもらえることが、一番のプライスレスな謝礼だと思っていました。中学生と議論ができたことに、多くのゲスト講師の方々には、満足して帰ってもらえていたと思います。また、授業に参加された講師の方々の評判となって、次の新しい講師を紹介して頂けることもあるし、講演会をしたら高い講演料がかかるジャーナリスト田原総一朗氏のような方も、毎年続けてきていただけるようになりました。

また、平成22年9月からは、タブレット端末（iPad）を40台導入しました。これについても、はじめから教育委員会からいただいた予算ではありません。いろいろなメーカーに直接かけあって、何とか無償で導入にこぎ付けたものです。

それ以外にも、新聞販売店には、新聞を無料で配布していただいたり、教材会社には、デジタル教科書を無料で提供していただいたりしていました。

「お金がないから何もできない」のではなく、「お金がないから、工夫してできることを考える」力が、校長には必要です。

学校の「私費会計」という仕組み

学校には、「公費会計」とは別に、「私費会計」と呼ばれるものがあります。これは、保護者が学校に直接お金を支払うもので、学校はそのお金を集金し、企業に支払います。

「私費会計」には、大きく分けて「教材費」と「給食費」があります。

まずは「教材費」。これは、生徒個人が使うものをまとめて購入するもので、社会科の資料集、英語のドリル、数学の問題集、また、制服につける校章など、多くは、300円〜600円単位の細かいものです。唯一金額が大きいものは、修学旅行やスキー教室などの宿泊費で、これらを合計して、生徒一人あたり、年間で3〜4万円程度になります。

もう一つの「給食費」。これについては、自治体ごとに給食のスタイルが違うので、一律には言えるものではないのですが、和田中の給食は、1食あたり約300円。1年で200日の給食があるとすると、ざっくりと年間6万円程度になります。

こうした私費会計は、年度末には、保護者に対してその内訳が明記された会計の報告を行います。こうした、会計報告をしたり、未納金がゼロになるように働きかけたりするのも、事務職員の大事な仕事です。

校長の仕事と言えば、より保護者にメリットがあるように、ビジネス的な感覚をもって契約企業と交渉することです。たとえば、修学旅行や校外学習を取り扱う旅行代理店、卒業アルバムなどを制作する写真店などの企業を学校が選定し、契約を結びます。

私が2年目になってから、制服見直しをすることになり、制服業者の選定を改めて行いました。

まずは、細かな要望を伝えるために、複数社でオリエンテーションを行ったあと、それぞれのプレゼンテーションを受け、合見積もりをとって値段交渉をしました。さらに、修繕などのアフターサービスを条件にしたり、「早期申込者に対して早期割引」などのサービスもお願いしたりして、最終的に提携企業を決めました。

金額据え置きで、「おしゃれなサマーセーター」と「かっこいい、新素材の体育着」に変更することができ、生徒の評判も上々です。

※２　文部科学省初等中等教育局初等中等教育企画課『民間人校長及び民間人副校長等の任用状況について』http://www.mext.go.jp/b_menu/houdou/23/11/attach/1312856.htm

※３　文部科学省初等中等教育企画課『教職員のメンタルヘルス対策検討会議の最終まとめについて』２０１３年３月29日 http://www.mext.go.jp/b_menu/shingi/chousa/shotou/088/houkoku/1332639.htm

※４　厚生労働省『平成24年版労働経済の分析――分厚い中間層の復活に向けた課題―』「付属統計表第３章２より」 http://www.mhlw.go.jp/wp/hakusyo/roudou/12/

※５　総務省統計局「平成22年国勢調査」より

※６　ＯＥＣＤ『図表でみる教育２０１３年版「カントリーノート日本（日本語訳）」』２０１３年６月25日 http://www.oecdtokyo.org/theme/edu/2013/20130625eag2013.html

第5章

校長と情報、民間企業、保護者

――校長のマネジメントとは(2)

前章では、学校のトップである校長として、教員、地域住民、時間、お金に関して、どんなマネジメントを行ってきたかを述べてきました。この章では、引き続き、情報、企業、保護者に関して話します。

インターネットをどう使うか？

首相や社長が、自らツイッターやフェイスブックで、情報発信をする時代です。校長先生たちの中には「ホームページのことは分からないから任せている」などと、恥ずかしげもなく言う方もいますが、社会全体の流れからすると、公立学校の情報発信は、かなり遅れていると思います。

この項では、学校における「情報」に関するマネジメントについて話します。

学校に入って感じたことは、学校側が伝えたい大切な情報や校長の思いは、なかなか保護者に伝わらないということです。印刷された学年通信のように、子供に配布しただけではどうしても100パーセント家庭に行きわたりません。大事なプリントが配られたあとに、教室の床に落ちているなんてことも、しばしばです。また、不審者情報や、台風情報など、緊急を要するものは、電話連絡網だけでは上手くいきません。

学校との信頼関係を結ぶには、とにかく保護者とのコミュニケーションが不可欠です。私は、会社でIT系の仕事もしていましたので、ホームページを通じた情報発信の点では得意とするところでした。ブログのシステムを使ってホームページを作成し、5年間で約1100回更新しました。登校日には、ほぼ、毎日更新していた勘定になります。

ただ、私の反省点は、ホームページの運用を組織的に行えなかったことです。

一部のコンテンツに関しては、担当の教職員が定期的にアップしていましたが、多忙な先生方を巻き込んで運用していくには、まだまだ準備不足でした。また、生徒の写った写真や個人情報にからむ内容に関しては、どうしても管理責任のある校長のチェックが必要です。そうすると、結局は、私が写真を選び、文章を書いてしまったほうが早いので、私自身がこの仕事を抱えこんだままの形になってしまいました。本来であれば、既存の組織とは別に、新しく独立した組織をつくりスピード感をもって取り組むべきだったと思います。

これからの学校経営において、情報発信に関しては優先すべき重要事項です。新しい組織を作り、たとえ教員の負担になったとしても、推進すべきだと思っています。

というのも、２０１１年3月11日の東日本大震災の時には、学校からのインターネットを通じた情報発信の重要性を改めて考えさせられたからです。

その日、和田中の３年生は、東京ディズニーランドへ日帰りの卒業旅行に出かけていました。突然の大地震に、同行していた先生からの電話もメールも不通となり、安否が分からない状態でした。テレビのニュースでは、東京ディズニーランド周辺で液状化現象が起こり、多くの小中学生が立ち往生している姿が映し出され、その様子を、ただただ職員室で心配しながら見ているしかありませんでした。

ようやく、夕方5時ころになって、ディズニーランドに同行している先生との連絡がとれましたが、その時は、まだ、生徒全員の安否の確認がとれていません。しかし、学校には、保護者がかわるがわる安否を聞きに来ます。区教委からは、ディズニーランド近くの学校の体育館で仮眠することができるが、どうするかと連絡が入りました。現場の判断を待たねばならず、情報が取れない中で、パニックの状態でした。

ただ、電話やメールが通じない状況のなかで、ホームページの機能は、有効でした。そこで、３年生の状況についてホームページで断続的に情報発信をしました。

その日、掲示した情報の内容を一部紹介します（以下、ホームページの原文を筆者が改変）。

■２０１１年３月11日

３年生の校外学習の18：30の状況をお伝えします。

多くの生徒たちは、東京ディズニーランドの園内から、出られない状況です。

園内の入口の建物倒壊等の危険性があるので、

その場で待機するように指示がでているようです。

すでに園外に出てバスに乗車している生徒は、

飲み物等を購入し、全員落ち着いて待機しています。

大きな混乱はないようですが、この先の見通しは立っていません。

次の更新予定は、19：30です。

■２０１１年３月12日

３年生の校外学習の午前３：30の状況をお伝えします。

東京ディズニーランドの駐車場にて、バス内で宿泊していましたが

３時に全員起床し、健康状態を確認し、水分補給、トイレ等を済ませ、

3時25分に東京ディズニーランドの駐車場を出発しました。
全員、無事です。大きく体調を崩している生徒はいません。
道路状況は分からず、到着時間等は未定です。
携帯電話での通信状況が改善されていますのでバスでの状況を確認し、
到着予定時刻が分かり次第、連絡いたします。

■2011年3月12日
3年生の校外学習の午前5：15の状況をお伝えします。
現在、バスは法輪閣の駐車場に到着しました。
生徒たちは全員無事です。
健康状態を確認したうえで帰宅の指導を行い、その場で解散する予定です。
ただし、保護者のお迎えを前提に帰宅をさせます。
5時半以降は学校の特活室で待機させますので
5時半以降お迎えに来る保護者の方は、直接学校の方へおいでください。
帰宅後、体調の悪い生徒がいましたら、学校の方へご連絡下さい。

以上、よろしくお願いいたします。

結局、多くの先生方が学校に残り、保護者への対応や、地域から一時避難してくる住民の対応を、徹夜で行いました。

一夜明けた朝5時に到着した3年生は、前日の夕方からほとんど食事をしていなかったので、朝方4時ころから、保護者の会の方々が中心となっていただき、備蓄米でご飯を炊き、200人分のおにぎりを用意しました。朝7時すぎには、そのおにぎりを食べ、全員無事に帰宅することができました。

情報共有がしっかりできたので、保護者や、地域の方々と力を合わせて、大変な状況を乗り切ることができました。

この経験を通して、緊急時のホームページでの情報発信に関して、改めて以下の3つが大切だと思いました。

(1) 情報をできるだけ早く発信すること。

危機に直面していると情報が入ってこないことが、一番の不安材料になります。最新の情報が入り次第発信し、その情報を発信した時間を必ず明記します。

(2) 確認できていることと、できていないことを明確にすること。

情報が不確実であると、かえって不安をあおることになります。情報がはっきりしないのであれば、はっきりしないことを明確にして、いつ、どこで、だれが、何を、なぜ、どうした、という5W1Hの観点で正確な情報を発信します。

(3) 今後の見通しや、学校の今後の対応を発信すること。

学校が今、どういう見通しをもっていて、これから、どういう対応を取ろうとしているのか、校長の意思も踏まえて情報を発信します。次回の情報発信する予定時間を、毎回明記したのは、このような観点からです。

日本は、これから先も、大きな自然災害からは避けられません。子供の命を預かる学校が、こういった有事の際に、インターネット技術を活用して安否確認等の情報を発信していくことは、不可欠なことだと思います。

ホームページでの情報発信の4つのポイント

和田中ホームページを、教員の組織的な運用体制にまで昇華できなかったことは反省点です。それでも、ほとんど毎日更新し、多くの保護者が見るサイトとして運用できたことは、良かったのではないかと思っています。

そこで、これから学校がホームページを通じて情報発信をしていく際の、ポイントを4つほど書いてみます。

(1) 保護者に対して、個人情報の扱いについての了承を得る。

ホームページに限らず、生徒の個人情報の扱いについては、学校は慎重に行わなければなりません。子供の顔や名前がオープンにできないご家庭も当然ながらあります。

和田中の場合は、テレビや新聞の取材、教育関係者の視察が多かったし、意見文を新聞社に投稿する活動などを行っていたので、顔や名前を公開できない家庭に関しては、あらかじめ入学時に申し出てもらうようにしていました。9月、2月の入学者向けの学校説明会、また入学式と、3回の申し出の機会を設けていました。実際に、各学年、2〜3人は、その対象となる生徒がいました。

そういった環境を整備したうえで、5年間のホームページの運用をしましたが、「公開されて欲しくない」、といった苦情は1件もありませんでした。むしろ、「もっと、顔をはっきりと出して欲しい」という保護者の意見や、「俺の写真を、ホームページにのせて下さい」という生徒の声など、掲載されることに積極的な要望のほうが多くありました。

(2)「フロー情報」と「ストック情報」の違いを意識する。

「フロー情報」とは、常に流れていく、最新の情報のことです。「運動会で躍動している子供の様子」や、「スキー教室に行って満喫している姿」などが、学校におけるフロー情報なのですが、こういった日常生活の様子をタイムリーに更新されることは、保護者にとっては一番うれしいものです。また、栄養士が毎日の給食を写真にとり、情報を更新していましたが、こういった情報も、保護者への信頼につながっていきます。

その一方で、「ストック情報」とは、いつでも参照できる蓄積された情報のことです。学校概要や、学校経営方針、年間の行事予定表などは、辞書を引くように、いつでも、誰でも、簡単に引き出せるようにしておかなくてはなりません。また、高校入試に向けた進路スケジュールなどは、いつでも確認できるようにしておくと、生徒や保護者の入試に向けた意識も変わっていきます。また、怪我をしたり、インフルエンザにかかったりした時の保険の対応や提出書類なども、ホームページから引き出せるように整備しておけば、かなり便利です。

（3）「オープンな情報」と「クローズドな情報」の違いを意識する。

ホームページの情報は、全世界に発信されています。ホームページの情報は、学校の生徒や保護者が見ているだけではなく、想定していない実に多くの人が見ているという「オープンな情報」であることを認識しなくてはいけません。和田中のサイトは、月間では、1万7000人のユニークユーザーが訪れていました（ユニークユーザー＝ホームページを訪問した人の数。同じ人が何度も訪問した場合でも、1ユーザーとしてカウントされる）。

2009年度の入学予定者の中に、海外からの転入を希望する生徒がいました。なぜ、和田中を選んだのか不思議に思って聞いてみると、「リーマンショックの影響を受け急遽帰国することになったが、日本に戻って検討する時間がなかったので、いろいろな学校のホームページを研究して入学を決めました」というのです。嬉しさもありましたが、誰が見ているか分からないインターネットの怖さも感じました。

その一方で、学校には守秘義務が伴うものであったり、一般には公開すべきではなかったりする「クローズドな情報」もあります。こういった情報は、インターネットなどに頼らず、直接話す機会に委ねていったほうがいい場合もあります。

ネットの機能は充実していきますが、その機能を使い分けながら、オープンにできるものと、クローズドにすべきものを意識して情報発信をしていくことが重要です。

(4)「地域本部と保護者の会」、そして「生徒」が情報を発信する。

和田中のホームページには、「地域本部と保護者の会」、そして「生徒」が記事を書けるブログのコーナーを設置していました。

地域本部の活動には、和田中生が200名程度も参加していましたので、地域本部からの連絡が、ホームページを通じて生徒や保護者に、直接届けられることは、お互いに有効でした。また、保護者の会からも定期的に情報がアップされ、会議などに出られない人たちにも情報が提供できていたのは大きなメリットでした。

また、「生徒」が書けるブログのコーナーも設置し、週1回くらいの頻度で更新していました。具体的には、部活動として技術部が担当していたのですが、子供の視点による情報発信はとても面白いし、記事を書く子供達自身の情報リテラシーが育まれることは間違いありません。

地域本部と保護者の会、生徒のブログのコーナーがある意義は、みんなで学校を創り上げているという、学校内外に向けた強いメッセージとなりました。

部活に民間企業を導入した「部活イノベーション」

教育の世界に身を投じて痛感したのは、繰り返しになりますが、「教育は、学校現場の人間だけでやるべきではない」。逆に言えば、「民間企業の活力をどんどんと導入したほうがよい」ということです。なぜそう思うのか、部活を例にとって、私の意見を書いてみます。

私が就任2年目からサッカー部で始めていた「部活イノベーション」の取り組みは、具体的には、以下のような内容です。

「休日の部活動の練習を学校の教育活動と切り離し、プロコーチを派遣するスポーツ企業に委託する。各部活の保護者会が主体となり、企業と契約を結ぶ。保護者会は一人1回500円の指導料を負担する。実施回数は、月2回。支払いのできない保護者には、減免措置が受けられるようにする。プロコーチは学校との連携を図りながら、生徒の技術指導だけでなく安全管理も行う」。

この取り組みは、顧問の先生方の負担の軽減をしたいと思ったのがきっかけでした。

そもそも部活動は、教育課程に定められた必須の活動ではなく、教員のボランティア精神によってかろうじて成り立っているような状況です。校長は、各部活に1名〜2名の顧問の先生を配置していきますが、放課後や休日の指導を強制することはできません。

中等教育研究会が2008年に、東京、静岡、奈良、鹿児島など、1都7県の公立中学校教員約3，000人に調査したところ、44パーセントが「部活の時間や量が負担」とし、39パーセントが「やったことのない種目の顧問を担当している」と回答しています(※7)。

一方、生徒の方にとっても、指導経験のない教員に教えられていては、成長の機会を損失しているのも事実です。

中学校の平均的な運動部で、1回2時間半の練習を年間150日から200日、1年にして約300〜500時間を費やしています。この時間は、学校で勉強するどの教科よりも多く、「体育」の授業時間と比較したら、4〜5倍にもあたります。この膨大な時間を漫然と活動するのでは、あまりにももったいないと思います。

指導者を変えることで、「できないことが、できるようになった」「努力したら、成果が出た」という喜びを、今以上に生徒に感じてもらえることは可能だし、そうすべきだと思っています。

というのも、私自身、一人の指導者に巡り合って、その存在の大きさを実感できたからです。

私事ですが、大学卒業後1990年にリクルート社に入社。同時にアメリカンフットボールチーム・シーガルズに入部しました。当時は東日本社会人リーグの1部に昇格したばかりで、実力、モチベーションともに高くはありませんでした。

ところが、米ハワイ大学からやってきたディビット氏がヘッドコーチに就任してからチームは生まれ変わり始めます。ディビットコーチの練習は、かなりハードでしたが、ただやみくもに練習するのではなく、なぜこの練習をするのか、論理的に説明してくれました。

もう限界だと思っていても、どんどん上達するので、楽しくなり、それまで以上に主体的に取り組めるようになりました。当時のチームメイトひとり一人が、同じように感じていたと思います。そして、6年後の1996年には、ついにアメリカンフットボール日本一に。

たった一人のコーチが選手の意識を変え、チームを日本一に導くまでのプロセスを目の当たりにして、指導者の影響力やその存在の大きさ、スポーツの素晴らしさを再認識しました。

実際に和田中の「部活イノベーション」に派遣されてきたプロコーチは、個人レッスンや私立高校などで指導経験の豊富な、まさにプロフェッショナルコーチでした。生徒への指導方法も的確であるし、平日の指導と混乱しないように、顧問の先生とのコミュニケーションも上手いと思いました。

コーチを派遣する企業については、スポーツデータバンク（株）、リーフラス（株）と契約を結び、2つの会社で情報共有をし、切磋琢磨できるようにしました。

ただ、導入にあたっては、かなりの難産でした。

「お金を払えない保護者がいたらどうするのか？」「大会などで、練習日程が変更になったら？」「そもそもプロコーチではなくて、今の卒業生のコーチに任せることはできないのか」。教員でプロジェクトチームをつくり、想定される100以上の懸念事項を半年がかりで整理していきました。そして、企業との打ち合わせは、ほぼ毎週行っていました。

企画がほぼ出来上がったところで、職員会議におろしたところ、運動部の先生方は、全員が「部活イノベーション」導入を希望。休日の活動を熱心に行っていた先生でさえも、新しい指導者が入ることには大賛成で、「これは、日本の部活動に一石を投じる活動になりますよ」と支持をしてくれました。

次は、各部活動の保護者会に、導入するかどうかの判断をゆだねることになりました。年度末3月には、保護者の会の役員会にて内容を説明。質疑応答を繰り返しながら、役員のみなさんへの理解を求めました。

新年度になり、新入生も入部し、新しい体制になった5月。保護者説明会の3日前になって、想定外のことが起きました。「部活動の平等性を損なう恐れがあるので、保護者会を中止にしなさい」という文書が教育委員会から届いたのです。教育委員会に足を運んで説明を求めると、「リスクがすべて解消していない」と言うのです。

しかし、教育委員会の担当者には1年以上前から事前に相談をしており、手続きに瑕疵はありません。結局、教育委員会が同席することで、予定どおり実施しました。

いざ、保護者説明会の当日。サッカー部や野球部など、休日の練習を熱望している部は、すぐに導入が決まりましたが、もともと顧問の先生が休日の指導をしていた部にとっては、すぐに決定というわけにはいきませんでした。バスケットボール保護者会は6月に

「お試しで指導を見たい」と企業側に要請。実際にその指導を見た後、保護者からは、「さすが、プロ。子供たちの集中力を切らさない指導はさすがだと感じた」などと、好意的な意見が多数聞かれ、7月からは、サッカー、野球、剣道、バスケットボール、バドミントン、テニスの6つの部活動が導入しました。

懸念された、顧問とプロコーチとの指導の連携も、「引継ぎシート」や「交換日記」などをつくって、工夫を積み重ねています。

先生方からは、「月2回、解放されるだけで、こんなに体が休まるとは思いませんでした」という、感想ももらいました。保護者が練習を見ていることも、それを負担と考えずに、生徒の様子を知れる良い機会と捉えていただいています。保護者会と企業との集金、銀行口座からの引き落としのシステムも確立しました。月2回の1，000円の料金が負担である家庭には、減免措置も検討していましたが、そういった対応もすることなく、また、料金を理由に参加しない生徒はいませんでした。

和田中のこの取り組みがきっかけとなり、早速、杉並区教育委員会が動きました。平成25年度の杉並区の教育予算の中に、「部活動活性化事業のモデル実施」(http://www2.city.suginami.tokyo.jp/library/file/250201%20kutyou%20yosan%20an%20kaiken.pdf) として、約2，000

万円が計上され、休日の部活動をプロコーチが指導する体制が一気に整いました。杉並区全体の活動として広がりをみせています。

私は、これからの休日の部活動の在り方として、学校の部活動と切り離し、地域スポーツ活動として育んでいくべきだと考えています。現状、教員の情熱とボランティア精神によって支えられている部活動は、いずれ破綻してしまいます。また、このまま、多くの子供たちの才能を開花させることはできないという現実に目を背けてはいられません。

すでに、和田中では、休日の学習活動は、学校と切り離し、地域住民が行うスタイルが確立しています。「休日は、子供達を地域に返す」をコンセプトに、子供達の学習やスポーツ活動を、地域住民と保護者がサポートすることは十分可能だと思うのです。

ただし、その際には、行政からの暖かい支援が必要ですが。

「夜スペ」(夜間特別補習授業)について

新聞報道などで「夜スペの和田中」という見出しを目にした方もいらっしゃるかと思います。この夜スペも、部活と同様に、民間企業、しかも「塾」を公立学校に導入したケースとして、当時大きな話題になりました。

まずは、夜スペがスタートした経緯について話します。

前任者の藤原先生の任期があと4ヵ月と迫った平成19年12月のことです。「夜の公立中塾が受験講座」（「朝日新聞」同年12月9日付）という見出しで、「夜間特別補習授業（夜スペ）」のことが大きく報道されました。学校の校舎の中で、希望する生徒に私塾が有料で、夜間に補習授業を行い、1月末から試行的にスタートするというものでした。「塾」が学校の中で活動する点も驚きでしたが、賛否両論が沸き起こったのは、「対象者を成績上位者に限定する」という点でした。

平成20年4月。校長就任早々、目まぐるしい毎日が続いていましたが、夜スペを本格的に実施するとした5月から、「対象者を成績上位者に限定する」のか、早急に判断しなくてはなりませんでした。

そこで、4月から参加している生徒と保護者や、また、その他にも参加を希望する生徒に、土日を使って面談を行いました。また、先生方にも、率直にどう思っているのかも意見を伺いました。いろいろと話を聞いてみると、校内での夜スペの評判は上々で、それだけに、成績は悪いけれど、これから参加したいという生徒も多数いました。

そして、公教育の現場では、学びたいと思っている生徒がいる以上、切り捨てることはできないという思いに至りました。

そこで、5月からは対象者を成績上位者に限定せず、だれでも参加できるようにしました。「できる子供をもっと伸ばす」から、「誰でも参加できる」へ、方針を180度変更したわけです。

ところが、その方針を打ち出すと、新しい校長の方針転換がよっぽど気になったのか、メディアからの取材が殺到し、記者会見を開かざるをえなくなりました。夕方6時から始まった特別教室での記者会見には、主なテレビ局、新聞社が勢ぞろいし、約60人もの報道陣が黒山のように集まりました。家に帰るとテレビニュースには自分の姿が映っていて、また教育評論家と呼ばれる人たちが、対象者を全員にしたことに対して「信念なき教育活動」などと批判的なコメントをしています。自分の学校とは思えず、何か別のニュースを見ているようでした。

今思い返せば、なぜ、あれほどまでにマスコミに大きく扱われたのか不思議なくらいです。マスコミの注目を集めた、ということで言えば、後任の校長が方針を変えたということよりも、前任の藤原先生の、今の公教育の問題点を提起する戦略があったのだと言えます。

つまり、公教育では、学ぶ意欲があるのにもかかわらず、その力を伸ばし切れていない子供たちがいても、有効な手立てが打てていません。藤原先生は、そういう子供たちのことを、「吹きこぼれ」と呼び、早くからその無策を指摘していました。夜スペの対象者を成績上位者に限定したのは、その対策と問題提起でもあったのです。

もし、私が校長になって、最初から「誰でも参加できる夜間補習授業」をスタートさせていたら、そもそも、スペシャルではないし、これほどまでに注目されることはなかったと思います。

いずれにせよ、私の下した生徒を成績上位者に限定にしない、という判断によって、夜スペは、スタートして3ヵ月後には、その性質を大きく変えていったのでした。

その後、提携する私塾は、2年ごとの契約とし、その都度、変更してきました。スタートはサピックス、次は、東進ハイスクールのナガセ（株）にお願いをしました。

平成25年3月、「夜スペ」の6期目がスタートしました。

私塾は、家庭教師事業を展開する（株）トライグループにお願いしています。契約した私塾として3社目になりましたが、その概要は1年目から変わっていません。

その概要とは、受講を希望する3年生に対して、月、水、金、土の週4回、夜の7時から9時30分まで（土曜日は午前中）実施。授業内容は、学校の補習に加え、受験対策の指導を行います。生徒数は、最も多かった年は、60名ほどいましたが、平均的には20～30名前後の生徒が参加しています。教えるのは第一線で活躍する塾講師。受講料は、1コマ500円換算で、ひと月2万4，000円。生活援助を受けている家庭には、半額免除の措置をとりました。帰り道の安全管理のため、終了時には、保護者が迎えに来られることが条件です。

こうした塾の選定をはじめ、生徒募集、受講料の徴収、学校の施設管理など、「夜スペ」に関わる企画、運営の責任は、すべて地域本部が負っています。

ちなみに、「公立中学校の中で、私塾が活動していいのかどうか」という問題に関してですが、地域本部の活動が認知されるに従って、問題視されることは無くなっていきました。

つまり、夜スペは、学校が行う教育活動ではなく、地域住民が集まる任意団体の地域本部が主体となり、学校から施設を借り受け行う地域活動なのです。それは、学校施設を借りて、書道や華道、詩吟を、月謝をとって行っているのと同じで、司法の場においても、夜スペの活動に関して、違法でないという判断がなされています。

「夜スペ」の3つの意義

「夜スペを行うことで、学校の学力は向上したのですか？」

という質問をよく受けます。

夜スペに参加している生徒だけが、特別に学力が伸びたということは確認できませんでしたが、私は、そもそも「夜スペ」は、学力を向上させるためだけのものではないと思っています。3年生のたかだか20〜30名前後の生徒の学力が上がったとしても、学校全体への影響力は微々たるものです。

それでは、「夜スペ」を続ける意義は、いったいどこにあるのでしょうか。

私は、3つの意義があると思います。

まず1つ目は、「学校」と「私塾」という、水と油の相容れない両者が、反目することもなく、同じ学び舎で力を合わせて子供たちを育てていくところです。

「夜スペ」のスタート時から、塾の先生の授業をよく見ていました。その中には、「学校の先生よりも教え方が上手い」と思う先生も確かにいました。それでも、「同じ土俵で比べられない」というのが、正直な私の感想です。塾は、一人でも多くの高校や大学の合格者数の確保を目標にして、志望校や学力レベルに応じて少人数に分け、授業態度が悪ければ、退塾させることも可能です。その一方で、学校では、ひとクラス40名で、様々な学力の生徒が混在する中で、目の前の進学だけにこだわるのではなく、人間的な成長をも期待して、授業を進めていかなければなりません。たとえ、授業についてこられなかったとしても、見捨てるようなことはしません。すべての生徒に最低限の学力をつけさせる努力を惜しむことはないのです。

一方で、塾の先生は、「生徒の生活指導が苦手だ」と感じました。授業中にしゃべっていたり、居眠りをしていたり、隣にちょっかいを出していたら、学校ではそのままにしておくことはないのですが、塾の先生は上手に叱れない。

塾と学校の先生は、それぞれ違った環境のなかで、別々の進化をしているのです。また、生徒にとって良いものを追求する塾の貪欲さは、公教育が学ばなければならないと思いました。特に、塾のＩＣＴへの取り組みに関しては、公教育が追いつけないほど進んでいます。

繰り返しになりますが、塾と学校を同じテーブルで評価することはできないし、また、そのことに意味がありません。ただ、学校は閉鎖的になることなく、塾がどんな形で授業を進化させているのかを謙虚に学び、子供に還元していかなくてはいけないと思います。

和田中の先生の中には、夜スペの授業を見学して、自身の授業の参考にしている先生方もいましたし、特にICTを駆使した映像による授業などは、興味をもって見学する先生も多くいました。また、夜スペの塾の先生のほうも、学校の行事や卒業式に出席していただき、意識的に学校との交流をはかってくれていました。

夜スペが始まった当初、お互いが顔をあわせても、塾の先生に挨拶をしない教員もいましたが、次第に、お互いが自然に挨拶を交わすようになりました。和田中では、塾と学校は、決して水と油のような関係ではなく、力を合わせて子供達の成長を見守ろう、という温かい雰囲気が醸成されるようになりました。

つぎに、夜スペの2つ目の意義としては、「地域本部」と「保護者」が、力を合わせて、受験という高いハードルを乗り越えていくことにあります。

第4章でも触れましたが、地域本部の方々のモチベーションは、意味のあることに関われる機会、すなわち、子供たちの成長を実感できる機会なのです。その点で夜スペは、「高校受験」という、もしかしたら一人の生徒の人生初めての苦行に寄り添うことになる、究極の機会といってもいいかもしれません。保護者からの期待も当然大きく、中途半端な、ボランティア精神だけでは、務まりません。

夜スペが始まったころは、生徒が規律を乱して授業にならないときは、その責任について、地域本部と保護者が、衝突することもありました。ところが、夜スペが4年目を迎えた時、夜スペの責任者に、夜スペ第1期生の保護者のNさんとKさんが名乗りをあげてくれたのです。「初年度に大変お世話になり、恩返しのつもりで」と助けに来てくれました。ボランティアを受けた人が、今度はボランティアをする側に戻ってくる、まるで鮭が還流してくるような、新しい人材の流れが出てきました。

その新しい責任者は、過去に自分の娘が受講していて、保護者の気持ちをよく理解していますから、地域本部や塾にして欲しいことがよく分かるのです。塾の先生の「生活指導」が生ぬるい時は、その責任者が生徒を叱り飛ばすことさえありました。そうしたことを通じて、地域本部と保護者の関係は、より信頼感のあるものになっていきました。

そして、最後の、3つめの意義は、私が、夜スペを「できる子供をもっと伸ばす」から、「誰でも参加できる」へ、と変更したことに関係します。

夜スペには、いろいろな生徒が集まってきます。塾に行くよりも学校の方が好きな生徒、塾に行きたくても経済的に難しい生徒、家に帰っても夜中まで一人ぼっちの生徒。こういった様々な家庭環境の子供を、「絶対に見捨てない」という、多くの関係者の思いが結実して初めてできる活動です。

塾にとっては、大きな利益のあがる事業ではないと思います。地域本部のスタッフも、会計などの責任の伴う仕事を、時には夜遅くまでしなくてはなりません。また、学校も、管理時間以外の取り組みに、これほど、神経をすり減らす必要もないのかもしれません。しかし、みんなが力をあわせて、子供たちが成長するための協働作業に加わることには、何ものにも代えがたい、充実感があるのです。

夜スペが開始されて以降、他の自治体にもいろいろな形で広がりをみせています。教育委員会が主導して、学校の補習授業を塾が受託し、放課後や長期休暇には、塾講師が派遣されてくる学校は一般的になりました。また、NPO法人が、学校近くの公民館を借りて、子供達のために夜の補習授業を始めた、という報告も聞いています。

夜スペは、地域本部と保護者と私塾、そして学校が、よってたかって、束になって、「誰も見捨てはしない」という決意で子供達を育てていく、象徴的な活動なのです。

民間企業の力を借りて、デジタル教育の推進を

企業のマネジメントの事例の最後に、ＩＣＴを駆使した教育（以下、デジタル教育）についても触れておきます。

前の項で、塾の授業においてＩＣＴが有効に活用されていることについては触れましたが、私自身、平成22年4月にアップル社からｉＰａｄが発売され、その商品を手にとってみて、これは「教育を変える」と直感しました。

そこで、教育委員会に掛け合ったり、文部科学省の支援事業に応募したりしましたが、なかなか上手くいきません。それでも、諦めずに通信会社や電機メーカーと交渉を続けました。そして、その年の9月、富士通の子会社である、富士通ネットワークソリューションズ（株）（以下、ＦＮＥＴＳ（株））からｉＰａｄ（以下、タブレット端末）40台を無料で提供していただき、学習ソフトを共同開発し始めることになりました。

当初、タブレット端末の導入にあたっては、50歳を過ぎたベテランの先生方からは、「俺は、黒板とチョークがあれば大丈夫」という、声も聞こえてきました。

ところが、「意見板プログラム」という学習ソフトが出来上がると、先生たちの目つきが変わってきました。「意見板プログラム」は、タブレット端末に自分の意見を入力すると、クラス全員の意見が、プロジェクターの画面に瞬時に表出されるというものです。ちょうど、クイズ番組などで、司会者が「せいの、どん！」と言うと、回答者の書いた答えを視聴者が一斉にみられるシーンをイメージしていただければと思います。

というのも、中学生になると手を挙げる生徒が少なくなり、挙手する生徒はたいてい限られてきます。そもそも、授業時間内で全員の意見を吸収することは難しいのが実態です。そこで、この「意見板プログラム」を使うと、自分の書いた意見は自動的に表出されてしまうため、生徒全員が真剣に考えなくてはならないし、意見がでそろった後には、より活発な意見交換に時間をさくことができます。

子供達が、活発に意見を出し合っている様子がうわさになると、先生たちのあいだで授業を見学し合うムードが出てきました。中学校の先生は、教科が違うために、他の先生の授業を見る習慣はほとんどありません。ところが、子供達がイキイキとしているということに関しては、先生は敏感です。タブレット端末が、授業を改善していくきっかけになっていきました。

とても面白いと思ったのは、「俺は、黒板とチョークがあれば大丈夫」と言っていたベテランの先生のほうが、若手の先生よりも、うまく使いこなし、授業が盛り上がっているのです。それは、話し合いの中で、どういう「発問」（教育現場での用語で「質問」と同義で使っています）をすると議論が盛り上がるのか、ベテランの先生のほうがよく心得ているからなのです。

たとえば、「原発をどうすべきか」「ｉＰＳ細胞のことをどう思うか」などと聞くと、抽象的すぎて、話し合いが拡散し、収拾がつかなくなります。ところが、「安全が確認された原発を、再稼働すべきかどうか」「子宮をがんで摘出した女性が、ｉＰＳ細胞で体外に子宮をつくり、胎児を育むことは、許されるのか」という、より具体的で、できれば二者択一できるような発問を考えると、話し合いは盛り上がります。

でも、ここでの二者択一は、あくまでも話し合いのきっかけをつくるための工夫であり、実際に議論が始まると、上手い教師ほど、ＡかＢかの二項対立ではなく、「Ａの意見も説得力があるけれど、Ｂの視点で考えてはどうだろう」「ＡとＢと両方のいい点を取り入れた、新しい考え方はできないかな」などと奥行きがある話し合いにしていくことができます。

つまり、デジタル教育というと「ゼロとイチ」との、無味乾燥な教育を推進する教育のように勘違いをしている関係者も多いのですが、実は、より子供達の、アナログ的な表現力や判断力を伸ばしていくことに有効なのです。したがって、ＩＣＴ機器の「操作」そのものは、若い教員のほうがうまく扱えるのですが、授業の指導術をよく心得ているベテランの先生のほうが、ＩＣＴ機器を「道具」として使いこなせるのです。

ＩＣＴ機器の導入後、２年が経過した時点で、和田中の先生方へのアンケートを行いました。「他の先生の授業は参考になったか」という質問に対しては９割５分を超える先生方がＹＥＳと回答し、「自分の授業改善のきっかけになったか」という質問に対しては、全員が、ＹＥＳと回答しています。

私は、デジタル教育を通じて、教育界が、縦割りの指導体制から抜け出し、現場の教員の権限が強くなっていくことを期待しています。

つまり、教育界はいまだに官僚色が強く、文部科学省や教育委員会の管理体制の下で行われています。定められた学習指導要領に最大限に準拠することが求められ、教員の指導内容についても、微に入り細に入りチェックをされて、さらには、その報告書の作成に時間を割いているのが現場の実態です。これでは、教員の自主的な教育欲など、あがるはずがありません。

しかし、「子供達を、どう成長させていくのか」。この命題に対しては、教員は、どんなに忙しくても、情熱を注ぎ込みます。デジタル教育が導入されれば、そのノウハウは、教育委員会でも、文部科学省でもなく、現場にこそ蓄積されてきます。そうなれば、学習指導要領に定められたガイドラインを最低限にして、教員が、自ら創意工夫をし、より自主的に、より溌剌《はつらつ》と、授業へ取り組むことができるのではないでしょうか。

現場の教員は、抵抗するのをあきらめて、取り組んでみるしかないと思っています。いくら「そろばんの方がよい」と叫んでみても、文明の進化のなかで、電卓やパソコンにとって代わられてきたのです。黒板とチョークで十分であったとしても、教育のデジタル化の波は、もう後戻りはしないでしょう。

「成績」について――保護者からのクレーム(1)

マネジメントの章の最後に、保護者との関わりについて話します。

民間企業においては、「お客様のクレームを、機会と捉えろ」という言い方が日常的にされますが、校長にとっても、保護者からの「クレーム」をどう捉えるかで、学校の未来が大きく変わると思います。

私は、校長室の扉を開け放して、風通しのよい雰囲気を意識していました。実際に、いろいろな保護者の相談が来ました。その相談を聞いてみると、「その気持ちは、分かります」と思うものがほとんどでした。

たとえば、わが子の「成績」に関するクレームです。特に、3年生の2学期の成績を合計した内申点は、1点の違いで推薦入試の合否が決まったりするので、保護者も真剣です。

「なぜ、うちの子供がこの成績なのか」。

こういう相談をよく受けました。これに関しては、学校側の説明が不十分である場合も多いと思いました。

保護者や生徒は、期末テストでいい点数がとれると、どうしてもいい成績がつくように思いがちです。しかし、学校の成績は、テストの点数だけでは決まりません。授業態度や、提出物がきちんとしている、といった「関心・意欲・態度」の観点や、「思考・判断」「技能・表現」「知識・理解」などの4つの観点（国語は5つ）で、総合的に評価しています。

ただ、こうしたことについて、保護者は一度説明を受けただけでは、分からないものです。学校は、こういったことを考慮し、丁寧に、繰り返して説明をしていかなければなりません。

また、「他の学校に比べて評価が厳しくないのか」「学校によって学力差があるのに、調整しないのか」という、質問もよくありました。保護者は、学校を飛び越えて情報交換をしているので、他の学校の生徒の成績までよく知っているのです。

少し専門的な話になりますが、2002年ごろから、学校における生徒の評価方法が、「相対評価」から、「絶対評価」へと変更されました。

それまでの「相対評価」とは、生徒を成績順に並べ、5段階評定では、**5**は7パーセント、**4**は24パーセント、**3**は38パーセント、**2**は24パーセント、**1**は7パーセントを目安として、一定の割合でつけるものです。実際には、生徒の成績分布がこのような正規分布にならない場合も多く、また、クラスや学年の集団の学力レベルの違いによって、同じ学力の生徒でも「前の学校では**5**だった生徒が、転校した学校では**3**になる」ということも起こってしまいます。

そこで、より個に応じた指導を重視し、ひとり一人のよい点や可能性などを適切に評価するために、生徒本人の成績そのもので評価する「絶対評価」へと切り替えられたのです。

ですから、保護者からの「学校間の学力差を、調整しているのか」といった質問は、絶対評価では学校間の調整は難しいという、評価方法の本質的な問題点を鋭くついているのです。子供の評価方法に完璧なものがない以上、学校側は、教科ごとに、何を、どんな基準で評価しているか、しっかりとした説明をしていく必要があります。

そういった学校側の意識を高めるためにも、成績に関するクレームは、貴重なものだと思っていました。

「教員」について——保護者からのクレーム(2)

教員に対するクレームも、たびたびありました。

この場合の対処方法としては、教員の言動、指導に対してのクレームであれば、その直後に教員を呼んで事実確認をします。

「子供が怖がっている」「言葉づかいが乱暴だ」「子供同士を比較している」「前の学校のことばかりいう」といったクレームがあれば、ほとんどの場合、教員側に問題があると思います。

教員がその事実を認めた時には、速やかに、保護者のほうに電話を入れ、お詫びします。そして、今後の改善に努めます。教員には、「この問題が一刻も早く改善されて幸運だったと思ってほしい」と話をしていました。

ただ、教員は、一人の生徒だけではなくて、すべての生徒の成長を見守っているのであって、保護者の見ている視点とは、別の角度から見ていることを理解をしていただきたいと思います。

例えば、「部活の試合で、一生懸命に練習をしていたのに、選手から外れるのはおかしい」とか、「喧嘩が起きたのに、あの生徒への指導は甘すぎる」といった教員へのクレームがあります。親として気持ちは分かりますが、これは、自分の子供にとっての正当性、「部分的最適化」の主張です。教員は、生徒全体を視野に入れ、「全体の合理性」で判断しなくてはならず、保護者の言い分を、受けとめられないことは十分にあります。

このようなクレームの場合には、できるだけ保護者の誤解を招かないような言い方で、言葉を選びながら、対応していました。

学校にクレームを言いに来る最初の段階では、保護者は、苦情や不満を言う、というよりは、自分の悩みや要望を打ち明けるといったケースがほとんどです。「クレームをどう捉えるかで、学校の未来が変わる」と、前述しましたが、保護者が最初に来た段階で、誠実な説明を心掛けていれば、多くの場合、苦情や不満には変わらず、「信頼」を構築することができるはずだと思っています。

クレームが出ないことに腐心するよりは、クレームに対して、どう対処するのかのほうが、よっぽど大事なのです。

「モンスターペアレンツ」について

現実的な問題として、道理に合わないクレームをいう保護者が、学校側の負担になっているのは事実です。

2006年に基礎学力研究センターが実施した、約1万校の小中学校の校長を対象にしたアンケート調査によると、中学校では29・4パーセントの校長が「保護者の利己的な要求」が深刻な教育の障害になっていると答えており、「やや深刻」と答えた49・7パーセントと合わせると、79・1パーセント、約8割の校長が保護者の利己的な行動を問題視しているという結果も出ています。

こんな電話が連日かかってきたことがありました。

「私は、もう家を出てしまったのだけれど、まだ娘は寝ていると思うので、起こしに行って欲しい」。

いろいろと手は尽くしましたが、うまくいかず、しばらくその学年の先生方が、大変な思いをして対応を続けました。

また、匿名で学校に電話がかかってくることがありました。私が教壇に立つ「よのなか科」の授業がテレビのニュース番組で報道され、その内容に対するクレームでした。授業では、「震災のがれき」をテーマに、専門家を招き、「あなたが自治体の責任者なら、住民の反対があっても、がれきを受け入れますか？」という議論をしていました。電話でのクレームは、「被災地のあの危険ながれきを受け入れろ、と教え込んでいるのか」というものでした。

このようなクレームに対しては、それまでとは違った対応をとります。学校側のスタンスや考え方を、毅然とした態度で主張します。あくまでも、言葉を丁寧に選び、感情的にならないように行いますが。

こうしたクレームがあるのは事実ですが、それを言う保護者を「モンスターペアレンツ」と呼ぶのは、私はどうかと思っています。

「モンスターペアレンツ」という言葉が一般化し、学校で起こっている問題が、保護者の執拗なクレーム行動にも原因があるのではないか、という論点を提示した点では、この言葉の価値もあるかと思います。

しかし、保護者の多くが、「私も、モンスターと呼ばれてしまうのではないか」と不安になり、些細なことだからと、クレームを躊躇《ちゅうちょ》するようになるのでは、学校には、静かなる多数派、すなわちサイレントマジョリティーの声が届かなくなります。繰り返しになりますが、「クレームを言われない」組織は、とっても危険なのです。

また、教員にとっても、「モンスター」→「怪獣」→「人間でない」という思考に陥り、保護者との関わりを拒否するようになりかねません。いくら利己的な要求であろうとも、学校側は、保護者が何を求めているのかを察知しようとする姿勢を失ってはいけないと思います。家庭の事情を考慮すれば、こちら側が配慮しなくてはならない事情もあるし、その保護者が、精神的な不調をきたしている場合さえあるのです。

「モンスターペアレンツ」という言葉は、学校と保護者との関係を分断させる、危険な言葉であり、学校現場では決して使うべきではないと思っています。

【よく聞かれた質問　⑤】

質問：学校を飛び越え、教育委員会へクレームを言うことは有効ですか？

回答：もちろん、教育委員会に直接クレームを言うこともひとつの選択肢だと思います。校長が問題を抱えている場合だってありうるのですから。

しかし、教育委員会へ入った情報は、ただちに学校にフィードバックされ、事実確認の要請があります。それを受けて、校長は、学年主任、生活指導主任に事実確認を行います。つまり、教育委員会へ第一報のクレームが入ったとしても、学校側が行う対応は、校長にクレームが入った時と同じなのです。

大きな時代の流れでいえば、保護者の理不尽な要求に対して学校側がすべて対応するのは不可能であるとし、教育委員会のなかに学校側のサポートをする専門組織が検討されている自治体も増えてきています。

クレームがある場合は、その後の対応のきめ細やかさや関係性の構築を考えれば、私は、まずは、学年主任に言うのがベストだと思います。それから、校長、それでもダメな場合には、教育委員会という順に考えるのが妥当だと思います。

保護者との信頼関係をどう築くのか

私も、保護者との関係において意識したことは、一人でも多くの保護者に情報をオープンにし、学校の「よき理解者」になってもらうことでした。

それを思い知った出来事が、私の校長就任2年目にありました。

その出来事とは、残念ながら、教員の不祥事です。不祥事が起こったことは、校長として痛恨の極みです。発覚後は、即刻教育委員会に報告。また、学校運営協議会のメンバーである地域の有力者や、保護者の会の会長、役員にも、守秘義務を前提に、翌日には報告をしました。学校では、再発防止も含めて、精一杯の事後処理をしたうえで、人事権、処分権を持つ東京都の教育委員会からの連絡を待ちました。

教員の処分が決まり、情報がオープンになり、保護者会を開いて説明をすることになりました。保護者からは、「隠ぺいをしていたのか」「なぜ処分に時間がかかったのか」「処分が軽いのではないか」といった厳しい質問が相次ぎました。

「処分を決めるのは、東京都の教育委員会であって、処分までの時間、内容に関しては、学校では関与できないこと。そして、学校としては一切隠ぺいをしていないこと」など、説明しました。しかし、保護者の立場からすれば、感情的に納得できるものではなかったと思います。今まで築き上げてきた信頼関係が、音を立てて崩れ去っていくような気がしました。

しかし、その保護者会の翌日。

「こんなときこそ、学校を支えます」「学校を信じています」といった手紙が寄せられました。校長室には、保護者からの差し入れが、いくつも届きました。失意の中にいたので、嬉しく思うと同時に、今まで以上に前向きに進まなければと思いました。

さらに、これは後になって聞いたことなのですが、翌日から、保護者の会の会長、役員の方々が、出席できなかった保護者や、まだ納得できない人たちに、私の代わりになって、説明をしてくれていたそうなのです。

この出来事は、教職員、保護者、そして、生徒にとっても、辛いものでした。しかし、崩れかけた学校への信頼をとり戻すために、多くの人たちの力が再び結束する機会となったのも、また事実でした。

「良いことばかりではなく、辛いことさえも共有できる」。

そんな関係を、保護者や地域の方々とつくることができなければ務まらない。

校長の仕事とは、そういう仕事だと思います。

※7　中澤篤史・西島央・矢野博之・熊谷信司「中学校部活動の指導・運営の現状と次期指導要領に

向けた課題に関する教育社会学的研究：8都県の公立中学校とその教師への質問紙調査をもとに」『東京大学大学院教育学研究科紀要』48巻、2009年3月、317〜337ページ

第6章　学力を向上させるには

——和田中の実践

この章では、「子供達の学力を向上させるには、どうしたらいいのか」ということについて、和田中での実践を踏まえて考えてみます。

5年間1，100名のデータから、学力アップの秘密を探る

和田中が民間人校長になってから、私の任期が終わるまでの10年間、生徒数は、約3倍になりました（図6－1参照）。それに呼応するように、学力も飛躍的に向上しました。平成16年から始まった杉並区の学力調査において、和田中は、杉並区に23校ある中学校の中でもっとも低いレベルにありましたが、継続して上昇を続け、平成23年度にはついにトップクラスになりました（図6－2参照）。この間、ただ平均点が上昇しただけでなく、習熟度の低い（勉強についていけない）生徒の割合も、大幅に減少していきました。

第4章の冒頭で、マネジメントとは、「ひと、モノ、金、情報、時間といった経営資源を活用し、組織における『成果』を最大化する」ことだと述べましたが、このように和田中の学力がアップしたのは、今まで述べてきたようなマネジメントの「成果」だと思っています。

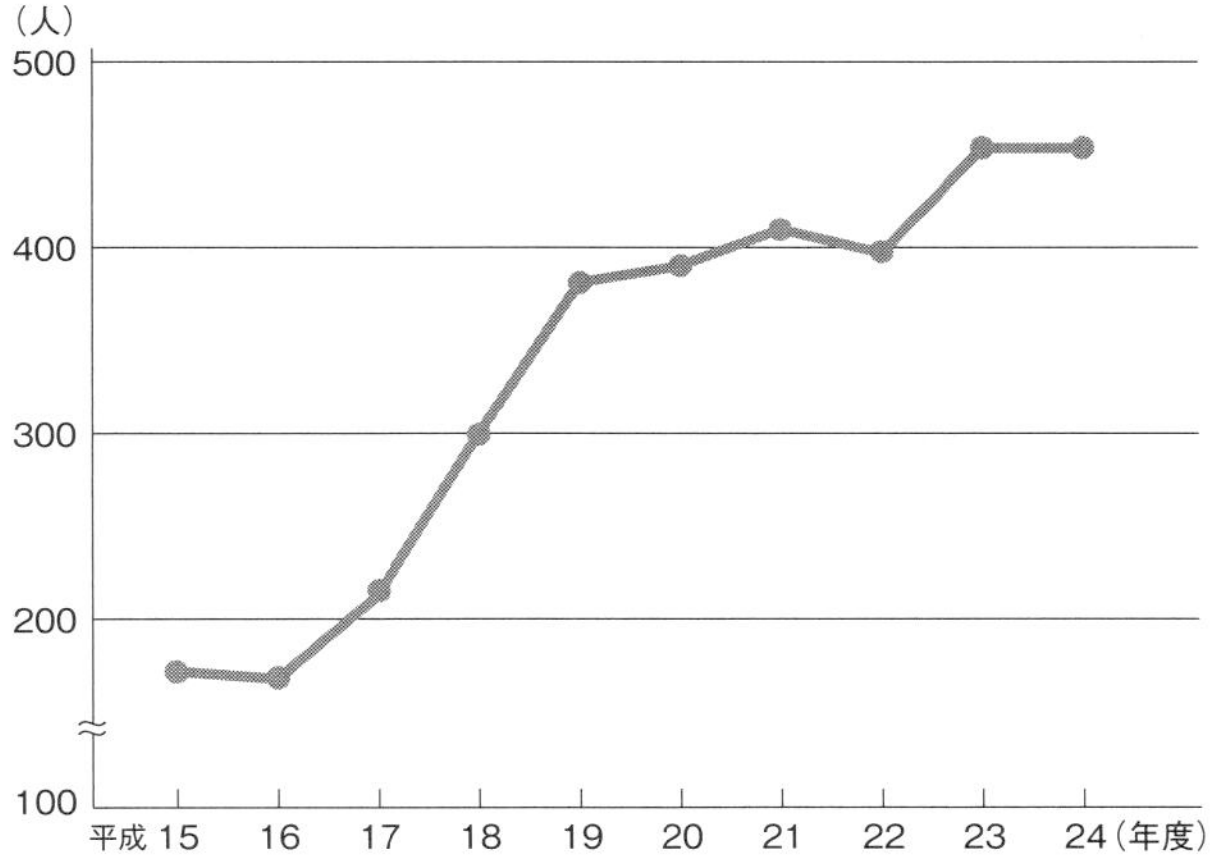

図 6-1　10 年間の和田中の生徒数の推移

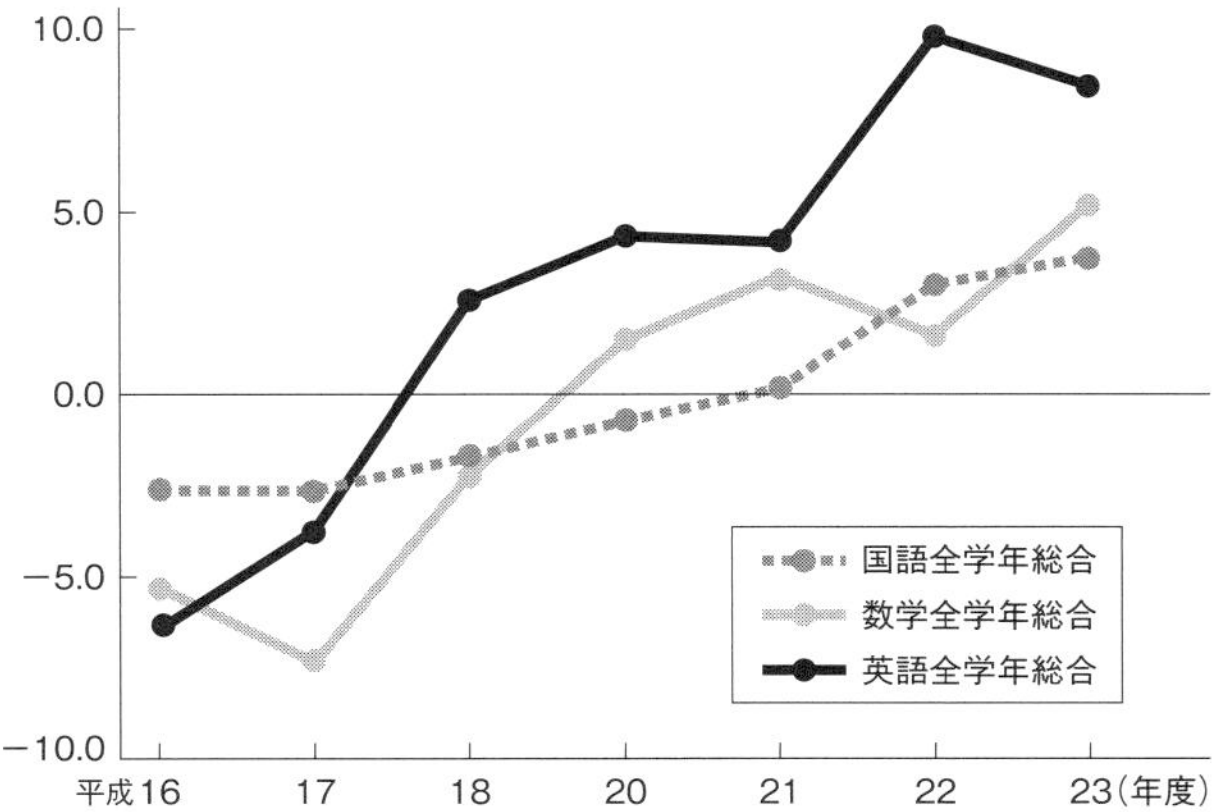

(注) 平成 19 年度は実施されず。

図 6-2　和田中の学力の推移（杉並区平均との偏差）

さて、学校教育における「成果」について、私は大きく2つあると考えています。

まず一つは、長期的な成果。つまり「社会で自立する」「人格を形成する」といったような、市民社会で生きる人間としての成長を果たすこと。

そして、もう一つは、短期的な成果、つまり「分からないことが分かるようになる」、そしてこの章のテーマでもある「学力が向上する」ことです。

ただ、これらの成果を正確に測定し、把握することは非常に難しいものです。企業などの場合は、売上や利益といった財務上の数字があり、目に見える形で表れます。それに比べ、教育の長期的な成果となると、5年、10年後の追跡調査などは難しく、社会の中で生起する様々な要因の影響を考えると、その成果を把握することはなかなかできません。一方、テストの成績や高校の合格者数といった、極めて短期的な成果に捉われてしまうと、教育の本質を見失うおそれがあります。

こういった理由もあり、学校では成果そのものを軽視する傾向があると思います。

しかし、私は、校長としてマネジメントする以上、成果にはこだわっていました。長期的な成果はもちろんですが、短期的な成果としても、「学力を向上させます」と、教員、保護者、生徒に公言していました。そうしなければ、教員が組織的には動かないし、保護者も不安になります。そして、何より、子供たちの学習意欲にも火が付かないと思っていました。

ただ、正直に言えば、初めからこんなにも、学力が向上すると思ってはいませんでした。

私が就任した平成20年は、和田中の学力は、杉並区のちょうど平均あたりを推移していました。徐々に学力の向上が図られてはいましたが、これと言って具体的な取り組みをしていたわけではなく、先生や生徒たちと、しゃにむに、日々格闘しているというのが実情でした。私は、今後、さらに学力を向上させるには、感覚的、経験則的に行っていては、限界を迎えてしまう、と感じていました。

そこで、全校生徒約450名の学力調査や生活習慣など、様々な調査をもとに、教育委員会や大学の研究チームの協力を得ながら、データの分析を始めました。そして、「こうしたら、学力は伸びるはず」という仮説をたて、その検証を繰り返しながら、戦略的に学力の向上に取り組むことにしました。

こうして、5年間、生徒数のべ約1，100名のデータを詳細に分析し続けました。その結果、いろいろなことが分かってきました。

この章では、学力と相関性のあることについて、具体的に説明していきたいと思います。もちろん、ひとつの学校のデータですので、その客観性についてはさらに検証を進めていかなくてはなりません。それでも、一つの実践例として、少しでも参考にしていただければ幸いです。

「携帯・ゲーム・テレビの視聴時間」と「学力」には関係がある

まずは、子供たちの「生活習慣」と「学力」との関係について調査を始めました。生徒は、3週間に1回のペースで、前日に視聴した、携帯電話、ゲーム、テレビの合計時間と睡眠時間をタブレット端末に入力していました。

余談になりますが、こういった調査は、紙に書かせて、集計し、パソコンに入力するといったことをしていると、殺人的な業務量になってしまいます。ところが、タブレット端末などを活用し、一度プログラムを作り、自分のIDを入力して数値を入力すれば、瞬間的に、かつ正確に集計されていきます。こういった教育のデジタル化は、教育現場の負担軽減やデータ分析の精度を高めるためにも、もっと推進させていくべきだと思います。

	平成 24 年度 2 年生		平成 24 年度 3 年生	
	1 年時	2 年時	2 年時	3 年時
国語	0.10	0.10	0.19	0.16
数学	0.22	0.31	0.23	0.18
英語		0.26	0.34	0.28

※数値が高いほど、強い相関関係がある。

図 6-3 「携帯・ゲーム・テレビの視聴時間」と「学力テスト」との関係

さて、この調査の結果、家庭生活の中で、「携帯・ゲーム・テレビの視聴時間（以下、視聴時間）」と「学力テスト」との間には、相関性があることが分かりました（図6－3参照）。

これは、「視聴時間が短い生徒ほど、学力テストの点数が高い」ことを表しています。

逆の言い方をすると、「学力テストの点数が低い生徒は、視聴時間が長い」のです。

また、教科においても相関性があり、視聴時間が短いほど「数学」「英語」の点数が高いことが分かります。

このデータが貴重な点は2点あります。第一に、「携帯・ゲーム・テレビの視聴時間が長すぎると勉強ができない」ことは当たり前とされていますが、それを実際にデータで裏付けたこと。第二には、生徒の顔が浮かんでくるリアルなデータであることです。第二の点については、さらに生徒に聞き取りをして、生徒一人ひとりの問題点を把握し、具体的な指導につなげていくことができます。

私も、視聴時間が5時間を超え、学力も劣る生徒には声をかけ、家での生活の様子を聞いてみました。

「家に帰ってから寝るまでの間、ずっとチャット（ネットでのおしゃべり）している」「携帯でゲームをしていると朝方になってしまう」「ネットをいつ止めたらいいのか分からない」など、私の想像以上に、子供達の「ネット依存症」は深刻でした。携帯電話を横に置いて勉強をしている生徒は、勉強には集中できていません。そのような生徒に対しては、携帯、ゲーム、テレビの視聴時間を減らすよう、校長の私から諭すようにしていました。

ほとんどの生徒は、素直に「これからは気を付けます」と返事をするものの、どこまで徹底できるかは、疑問符がつきました。また、生徒の中には、「親だってしているのに、なんで中学生はだめなのですか」と、自分だけが叱られることに納得いかない顔をしている生徒もいました。

その一方で、視聴時間が1時間以内の生徒にも話を聞いてみました。すると、「そもそも携帯やゲーム機をもっていない」とか、「携帯は勉強部屋には持ち込まず、居間に置くように言われている」などの、家庭でのルールがしっかりとしていました。また、「携帯は、1時間以内と自分で決めている」と、自律した生活ができている生徒もいました。携帯・ゲーム・テレビの中でも、特に、携帯電話の取り扱い方は、各家庭で大きく差があると感じました。家庭の中で、携帯をどのように使うかは、親の「しつけ方」を象徴し、さらには、子供の「勉強への取り組み姿勢」をも象徴しています。だからこそ、学力との間に相関性が明確に出るのだと思います。

この携帯電話の取り扱いに関しては、中学入学前の小学生の頃の指導も重要です。和田中では、入学を予定している小学校6年生の保護者には、「家庭で携帯・ゲーム・テレビの視聴時間は2時間以内にしてください。この約束が守れない場合は、学力の向上を保証しません」と、言い切っていました。そして、国際調査結果（TIMSS 2007）から、先進諸国のなかで、日本の中学生の家庭学習の時間は最低レベルで、テレビを見る時間は最長レベルであること。さらに、和田中の平均的な視聴時間のデータも開示していました。

ただ、保護者のみなさんに気を付けていただきたいのは、視聴時間が長いからといって、子供をただ叱りつけるだけではいけない、ということです。親自らが行動をあらためないといけません。私だって、もし、自分が中学生の時に友達や好きな女の子と常にメール交換できたら、勉強どころではないと思います。それにもかかわらず、親がテレビを付けっ放しで、携帯を常にしていたら、なぜ自分だけが我慢していなくてはならないのか、不条理な思いをするのは当然です。

携帯が、かつてないほど魔力のある遊び道具であることを認めたうえで、子供が自ら抑制できるように、導いていくことが大切です。ネット依存症になる前に、親がその模範になること、背中で見せることが重要なのです。

親も含めて、「携帯・ゲーム・テレビの視聴時間」を抑制することは、学力を上げるための、「一丁目、一番地」です。

「集中力と記憶力」と「学力」には関係がある

和田中では、第4章で前述したように、授業1コマの時間を5分短くして45分とし、そこでできた時間を使って、毎朝20分間「脳の活性化トレーニング」を行ってきました。具体的には、単純な足し算、引き算、掛け算の問題を3分間でできるだけ多く解いていく「計算トレーニング」、文学作品の名文を3分間、声にだして速読する「音読トレーニング」、そして、英語の5分間の「リスニングドリル」を、毎日1教科ずつ、繰り返していきました。

以下に紹介するコメントは、このプログラムを指導していただいた、脳トレの第一人者、東北大学川島隆太教授のコメントです。

「和田中学校が3年間実施してきた『脳の活性化トレーニング』の結果、『生徒の脳がよりよい状態』になり、『集中力』が向上していることは明らかである。また、その『集中力』が向上した転移効果として、『記憶力』の向上についても一定の効果があった。

また、『脳の活性化トレーニング』と学力向上との相関関係においても、国語、数学、英語には相関が出ており、トレーニングの効果は証明された」。

川島教授のコメントを少し解説します。

図6－4、図6－5は、「脳の活性化トレーニング（以下、脳トレ）」を継続し、生徒の「集中力」と「記憶力」が2年間でどう変化したかを表したものです。図6－4の「集中力」の方が順調に向上しているのは、和田中の脳トレが「集中力」を鍛えるプログラムが主となっており、「集中力」が高まったことで、その効果が転移して、「記憶力」も向上し

たと考えられます。

また、各学年の第1回目の数値を比較すると、長くトレーニングをしてきた学年のほうが高くなっています。これは、単に体が成長したのではなく、トレーニングの効果が表れていると考えられます。

さらに、図6-6では、「集中力」と「記憶力」が、各教科の観点別の学力に関係があることを表しています。図6-7では、「集中力」と「記憶力」を鍛えることは、国語、数学、英語の学力の基礎固めや、下支えとなる効果が期待できることを表しています。

学校として力を注いだことは、生徒が途中でいやにならないように、単調な反復学習にいかに意欲的に取り組ませるか、ということでした。

実際に、脳トレを始める前には、毎朝、副校長による1分程度の放送朝礼から始めます。季節ネタや、時事ネタを話した後は、「音読は、声に出して、早く読むことで、脳は鍛えられます。それでは、『はじめ』!」の、お決まりの文句で全校一斉に開始します。そうすることで、学校の一体感をつくっていました。また、先生方も生徒と一緒に、ゲーム感覚で競い合いました。終わったあとは、必ず答え合わせをして点数を出し、表に記入

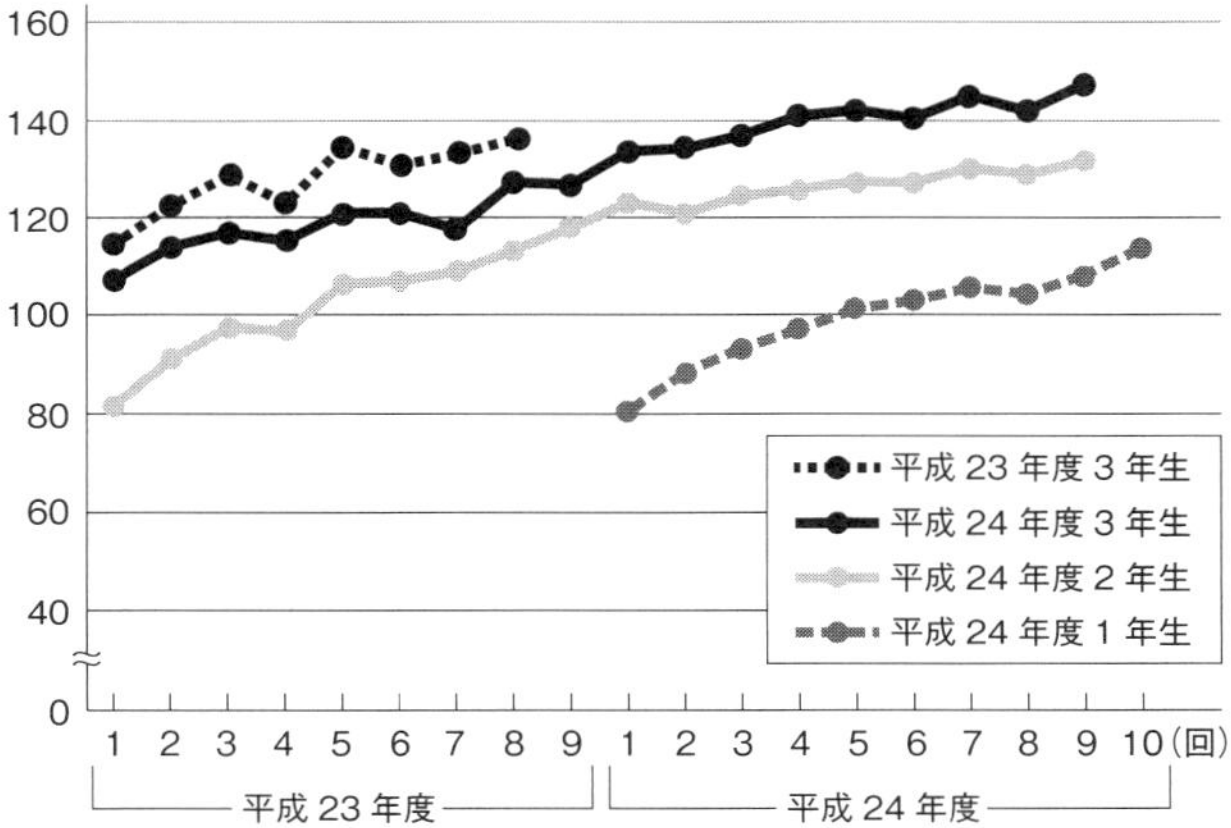

※数値：3 分の間に簡単な演算を解いた数

図 6-4 「集中力」の変化

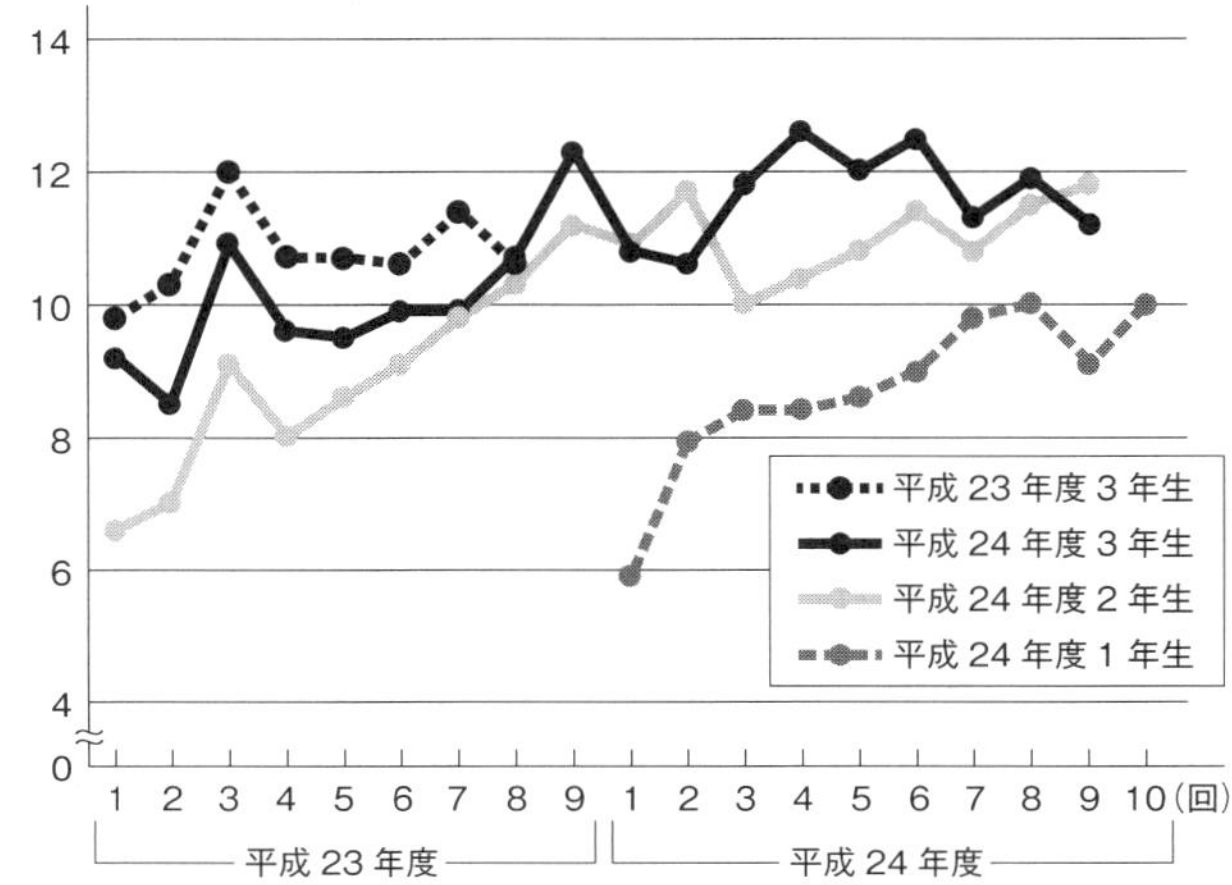

※数値：ランダムで表示された 30 の数字を 1 分間で記憶した数

図 6-5 「記憶力」の変化

	評価の観点		集中力	記憶力
国語	1	国語への関心・意欲・態度	0.20	0.19
	2	話す・聞く能力	0.30	0.11
	3	書く能力	0.37	0.24
	4	読む能力	0.21	0.17
	5	言語についての知識・理解・技能	0.34	0.26
	【教科全体】		0.41	0.29
社会	1	社会的事象への関心・意欲・態度	0.23	0.19
	2	社会的な思考・判断・表現	0.20	0.21
	3	資料活用の技能	0.15	0.24
	4	社会的事象についての知識・理解	0.18	0.13
	【教科全体】		0.26	0.28
数学	1	数学への関心・意欲・態度	0.30	0.23
	2	数学的な見方や考え方	0.20	0.26
	3	数学的な技能	0.51	0.35
	4	数量や図形などについての知識・理解	0.32	0.24
	【教科全体】		0.46	0.35
理科	1	自然事象への関心・意欲・態度	0.11	0.10
	2	科学的な思考・表現	0.30	0.37
	3	自然事象についての観察・実験の技能	0.31	0.32
	4	理科についての知識・理解	0.20	0.21
	【教科全体】		0.30	0.33
英語	1	コミュニケーションへの関心・意欲・態度	0.46	0.34
	2	外国語表現の能力	0.36	0.41
	3	外国語理解の能力	0.33	0.33
	4	言語や文化についての知識・理解・技能	0.40	0.25
	【教科全体】		0.46	0.38

※数値が高いほど、強い相関関係がある。

図 6-6 「集中力と記憶力」と「各教科の観点別の学力」との関係

		学年	集中力	記憶力
国語	基礎	第３学年	0.39	0.38
		第２学年	0.53	0.47
	応用	第３学年	0.15	0.20
		第２学年	0.31	0.20
数学	基礎	第３学年	0.37	0.44
		第２学年	0.49	0.45
	応用	第３学年	0.40	0.38
		第２学年	0.42	0.41
英語	基礎	第３学年	0.37	0.29
		第２学年	0.54	0.36
	応用	第３学年	0.41	0.32
		第２学年	0.52	0.33

※数値が高いほど、強い相関関係がある。

図 6-7 「集中力と記憶力」と「国語、数学、英語の、基礎・応用」の学力との関係

します。その変化を見ながら、過去の自分に克つように意識づけをさせていました。

幸いにして、脳トレは、科学的に裏づけられたプログラムであったので、ほぼ全員の生徒に、成果が表れます。突然急激な伸びをしたときなどは、「神が下りてきた」などと言って喜んでいました。さらに、その結果は、通知表と一緒にして、保護者にも共有してもらっていました。

こんな工夫を積み重ねながら、平成24年度の卒業生は、入学してから3年間、学校生活の一部としてこの脳トレをやり続けました。卒業する前日まで、淡々と自分に挑戦し続ける生徒たちの姿は、校長の私が見ていて感動的でもありました。

このような経験から、脳トレによって培われるもう一つの能力は、「単調なことを毎日続ける力」ではないかと考えています。そして、続けたあとに訪れる達成感や成長感を味わうことによって、「忍耐力」さえも、身につけられると思っています。

「集中力」と「記憶力」とは、「単調なことにたち向かえる強さ」と、表裏一体なのだろうと思います。

脳トレが継続できるように、朝礼では、脳トレの話もまじえて、こんな話をすることもありました。これは、東京都が行った平成24年度の作文コンクール（「中学生の主張・東京都大会」）で、東京都の中学生３，３１６名の応募の中から選ばれた35の優秀作品の中に、和田中生の作品が４つも入選したことをほめたときの話です。作文の話をしたあとで、このように話を続けました。

君たちが成長していく日々は、地道で単調な道のりです。毎日が運動会だったり、学芸発表会だったり、修学旅行がたびたびあるわけではありません。でも、ごくありふれた毎日の中にこそ、実は、本当に大切なことがある、ということなのではないでしょうか。

「fruitful monotony」〝実りある単調さ〟という言葉があります。バートランド・ラッセルという学者の『幸福論』という本にでてきますが、「若い時の単調な日常の積み重ねこそ、大人になったときに、大きな実りとなる」という意味です。

君たちの日常も、単調なことが多いですね。朝の脳トレ、部活では基礎練習。日々同じことの繰り返しで、味気ないものに見えるかもしれません。成果がすぐにでないので、つまらないと思えるかもしれません。でもそこで、すぐに諦めてしまうのではなく、明日はきっとうまくできるかもしれない、と思ってもう一歩前へ踏み出してみること。また、みんなで励まし合ったり、悩みを打ち明けたり。こうした日常の些細な積み重ねの中で、君たちは、人生において大事なことを学んでいるのだと思います。

和田中生の入選者の作文は、ごくありふれた日常のなかで感じたこと、考えたこと、学んだことを素直に表現しているものばかりでした。

和田中生には、こうした日々の積み重ねこそが大事なことを、理解している人が多いからなのではないでしょうか？

「朝ご飯」と「学力」「将来の年収」には関係がある

文部科学省が実施している全国学力調査では、生徒の学力調査だけではなく、生活習慣に関するアンケート調査も行われています。その調査データから、「朝食の摂取」と「学力テスト」との間には、相関関係があることが、すでに発表されています。つまり、「朝ご飯をしっかり食べる子供の学力は、高い傾向にある」のです。

ただ、このことは多くの保護者も知っていることなので、校長がとりたてて言ってみても、保護者からは、「そんなことは、分かっています」で終わってしまいます。
では、どうしたら、保護者に朝ご飯の大切さを分かってもらえるのでしょうか？
私は、保護者会では、こんなふうに話していました。

私は、大学受験において2年間の浪人生活をしました。残念ながら、第一志望に合格することができませんでした。これ以上できない、ってくらい勉強したので、悔いはないのですが、それでも、悔いが残っているのは、正確な情報をもって、自分の生活習慣を管理できなかったことです。

私が大学受験をしていた30年前当時、「4当5落」ということが言われていました。睡眠を4時間に抑えて勉強すれば合格できるけれども、5時間では落ちる、ということです。

田舎から出てきた若者は、すっかりそんなことを信じてしまい、なんと2年間も睡眠時間は4時間、勉強時間は12時間のペースでやり続けました。自分の満足感はありましたが、やっぱり、いつも眠たくて、予備校の授業でも集中できていなかったように思います。

その後、脳科学が話題になり、午後12時前後には寝て、レム睡眠の時間が十分にないと一日の記憶が脳で固定されないということは、多くの人が知るようになりました。このことをあの時に知っていれば、もしかしたら……と思わざるをえません。

それ以降は、いろいろ噂される生活習慣については、自分でいろいろと調べて、科学的な根拠をもったものだけを実行するようにしています。ちなみに、発毛、育毛のために良い生活習慣については、私はかなり詳しいです（笑）。

さて、私が、子供達に生活習慣のことを特に厳しく言っているのは、自分が受験生だった時の苦い経験があるからです。特に、「朝食の大事さ」については、すでに、学力との相関が高いことが複数の調査によって証明されているので、保護者のみなさんとはぜひ共有していきたいのです。

ご存じのとおり、脳の神経細胞は、ブドウ糖をエネルギー源として活動します。もし朝食をとらないと、次のブドウ糖が供給される給食までの間、脳が活発に機能しません。つまり、朝ご飯を食べないと、たとえ午前中に一生懸命に勉強したとしても、その知識は身になっていないのです。

さらに、もう少し、恐ろしい調査結果をお伝えします。

これは、昨年4月に講演にきていただいた川島教授の調査データですが、朝食を食べる習慣を身につけている人は、「偏差値65以上の大学に合格する割合」「第一志望の大学に現役合格する割合」「自分が選んだ第一志望の仕事についている割合」、これらすべての項目において、朝食を食べていない人に比べて、大きくなるという結果がでています。

さらには、年収1，000万円以上を手に入れているビジネスマンの8割以上は、朝食習慣を持っているという結果もありました。この研究結果は、東北大学のホームページでもご覧になれますので、ぜひご覧ください。

(http://www.tohoku.ac.jp/japanese/newimg/pressimg/20100112_01.pdf)

生徒の中には、「朝食を食べずに、ダイエットをしている」という生徒もいます。しかし、この時期の生活習慣が、将来の年収にまで関わると思ったら、今、ダイエットしている場合ではありませんよね。正確な情報を伝えて、子供達の未来の可能性を広げていくことは、私達、大人の責任だと思います。

繰り返して言いますが、

①朝食は必ず摂らせる。できれば、米飯食が望ましい。

②深夜まで勉強させることは推奨しない。遅くとも24時には就寝。
③携帯・ゲーム・テレビは2時間以内。携帯を扱うルールをつくる。
以上、の3つのルールの徹底、よろしくお願いします。

こういった内容の話を毎年、各学年の保護者会で話していました。その結果、和田中生の「朝食の摂取頻度」は、全国平均と比べても、格段に高い割合になっています。

「社会関心力」と「学力」には関係がある

ここで言う「社会関心力」とは、「社会で起こっている出来事に興味や関心があり、自分なりの意見が持てること」をいいます。かみくだいて言えば、ニュースを見たり読んだりして、自分の意見を持つ力のことです。

和田中では、「よのなか科」の授業で書いた、200字程度の自由記述論文を約1ヵ月ごとに分析し、生徒には、いったいどんな力がついているのかを、「テキストアナリシス」(章末参考資料)という方法で調査していました。

さて、この調査の結果、「社会関心力」がある生徒は、学力と相関性があることが分かってきました。つまり、「社会の出来事に関心のある生徒は、学力の高い傾向がある」のです。

テレビはできるだけ見ないように、というのが和田中の方針でしたから、やはり新聞は大事です。とはいうものの、時代の流れで、いまは、紙の新聞をとっていない家庭が、和田中では半数近くもありました。電子化が進んで、紙の新聞の時代ではなくなっているのかもしれません。

そこで、「家庭で新聞をとらないなら、学校でとって読む機会をつくろう」ということで、和田中では、学校で新聞をとることにしました。

そして新聞を活用した授業に取り組み始めました。これは、NIE（Newspaper in Education）と呼ばれる教育活動で、アメリカで1930年代に始まったものです。日本でも、平成25年度には全国571校で行われており（※8）、学校がNIEを行うことを新聞販売店に申請すれば、無料で新聞が届けてもらえます。和田中では、1クラスに1紙いきわたるように、配達してもらっていました。

さらに1ヵ月に1度、「よのなか科NEWS」という授業に取り組んでいました。クラスごとに担任の先生が中心となり、学校が課題として選んだ新聞記事を読ませ、5W1Hを整理し、それに対する意見文を200字で書く、という授業です。

また、学期に1度は、自分の気になった新聞記事を切り抜き、新聞社へ投稿する、という活動も行っていました。

「風評被害をなくしたい」「発電方法を見直すとき」「いじめ問題、心が痛んだ」「パキスタンタリバン運動を知って」「当たり前に感謝して生きる」「枯葉剤の悲劇は今も」「再生可能エネルギーに賛成」「初の保育園開設に喜び」……。

これらは、実際に新聞に掲載された和田中生の投稿の一部です。投稿する文章には、教師はとくに添削も行わず、題材も自由にまかせていました。

新聞を読む環境をつくり、社会に対する問題意識を持たせることで、勉強に対する意欲や、物事に対する関心が、大きな変化をとげていくことを実感しました。中学生にとって、新聞を読むという行為は、自分と他人、自分と社会との関係を築くうえで、とても重要であり、さらには、勉強の必要性を自発的に感じるようになるのだろうと思います。

「コラボレーション力」と「学力」には関係がある

「コラボレーション力」と聞いて、よく分からない方もいらっしゃるかと思います。しかし、この「コラボレーション力」、これからの子供達に求められる力として、昨今、非常に注目されているので、ぜひ、読者のみなさんには、覚えていただきたいと思います。

そして、前述した「テキストアナリシス」の手法で、生徒の作文を分析した結果、「コラボレーション力と学力との関係が深い」ことも分かりました。

この「コラボレーション力」とは、「意見の違う相手とも力をあわせて、課題を解決していく力」のことです。ある課題を解決するためには、相手の意見を聞いたり、自分の意見を相手に伝えたりして、対立関係を克服していく力が必要です。どちらかのみが満足する解決策は、ウィン（勝者）とルーズ（敗者）を作りますが、両者ともに満足するウィン・ウィンの関係性を作らなくてはいけません。高度なコミュニケーション能力、対話力とでも言いかえることができるかと思います。

21世紀に入ってから、世界の主要な教育機関である、OECDやUNESCOなどが、これから個の求められる力として、こぞって、この「コラボレーション力」を提示しています。

また、２０１５年の国際学力調査（ＰＩＳＡ調査）では、この「コラボレーション力」と同様の、「コラボレーティブ・プロブレム・ソルビング・スキルズ＝Collaborative Problem Solving Skills」、つまり他人と協調しながら問題を解決する「協働的問題解決能力」が測定される見通しです。例えば、「A君は、こう主張している。B君は、それに対して、こう反論した。C君であるあなたは、この問題をどう解決しますか？」といった類の問題です。

なぜ、これほどまでに、コラボレーション力、協働的問題解決能力が、今、問われてきているのでしょうか？

20世紀後半の、世界的に経済成長が進んだ時代には、おおざっぱに言えば、正しいことを、早く、正確に、遂行していく能力が求められました。たくさんの知識を詰め込む教育も、その当時は効果的でした。ところが、時代が成熟社会へと変わり、グローバル化が進むにつれて、ある人にとっての正解が、ある人にとって正解でない社会になってきました。人それぞれの多様な価値観や意見をうまく共存させていくことが求められるようになりました。

私も、20年のビジネスマン経験を通して、正しいことを主張し、相手を一方的に打ち負かすディベートの能力の高い人よりも、相手の意見を聞き、自分の意見をむしろ修正できるコミュニケーション能力のある人のほうが、社会の中では、活躍ができることを確信しました。

そこで、和田中では、この力をつけるために、「よのなか科」と題した授業を行っていました。

この授業は、校長が進行役をつとめ、ゲスト講師を招いて、答えのない現代社会の問題を、みんなで討論していく授業です。1、2年生は月に1回の45分の授業を年間12回、3年生は月に2回、90分の授業を年間24回、また全校が一堂に集まって、年2回の授業を行っていました。卒業するまでの3年間で、約50のテーマについて、約50名の社会人に出会い、話し合いを行います。以下は、平成24年度に行ったよのなか科のテーマの一例です。

□あなたが自治体の責任者なら、住民の反対があっても、宮城・岩手のがれきを受け入れますか？

□この夏、安全が確認された原発は、再稼働すべきですか？

□若者のネット依存を無くすため、政府が携帯の使用を規制すべきですか？
□デジタル教育は、日本を滅す、という意見に賛成ですか？
□20歳から18歳へ、投票権を引き下げることに、あなたは賛成ですか？
□ゴミの集積所が、あなたの家の前に移転する計画があれば、反対しますか？
□国籍を変更した日本人のオリンピック選手を、あなたは応援しますか？
□13歳へのがん告知は、医者か保護者か、どちらが告知すべきですか？
□安楽死を法律で認めることは、許されますか？
□ｉＰＳ細胞を使って、子宮外で赤ちゃんを産むことは許されますか？
□君たちが大人になった時に、社会から求められる力とは、どんな力ですか？
（参照：よのなか科の実践 http://a-shirota.net/wadachutop/yononaka-theme）

今、まさに起こっている時事問題から、生命倫理に関わる永遠のテーマまで。

これらの授業では、生徒同士が話し合うことが中心です。まずゲスト講師から専門的な話を聞いた後、４人一組のグループディスカッションをし、最後は１５０名の全体のディスカッションを行います。

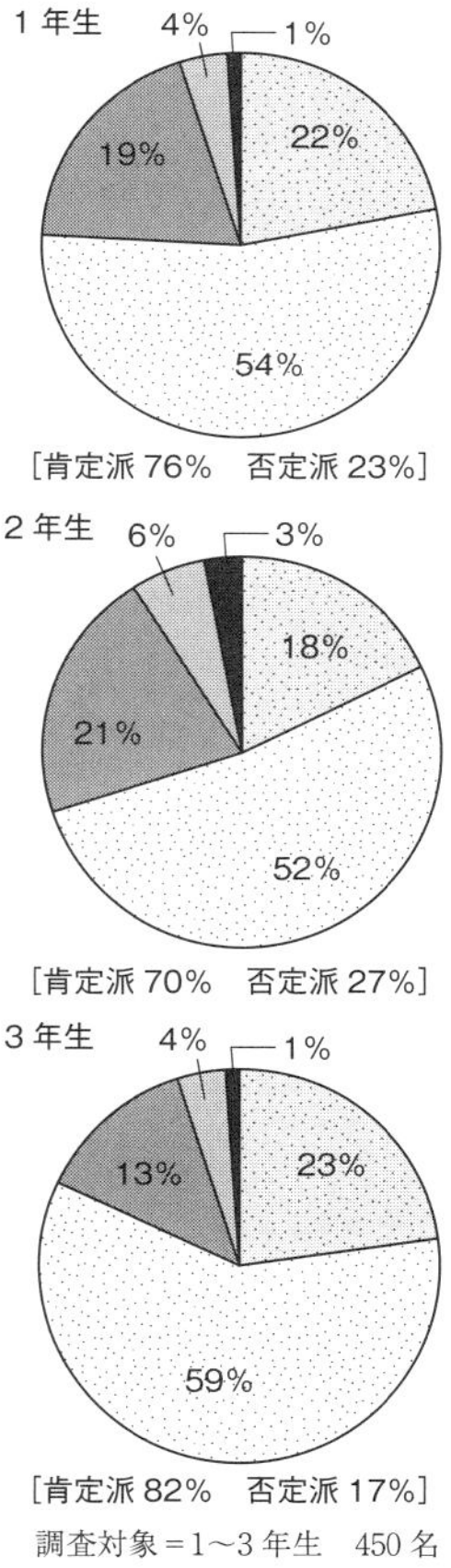

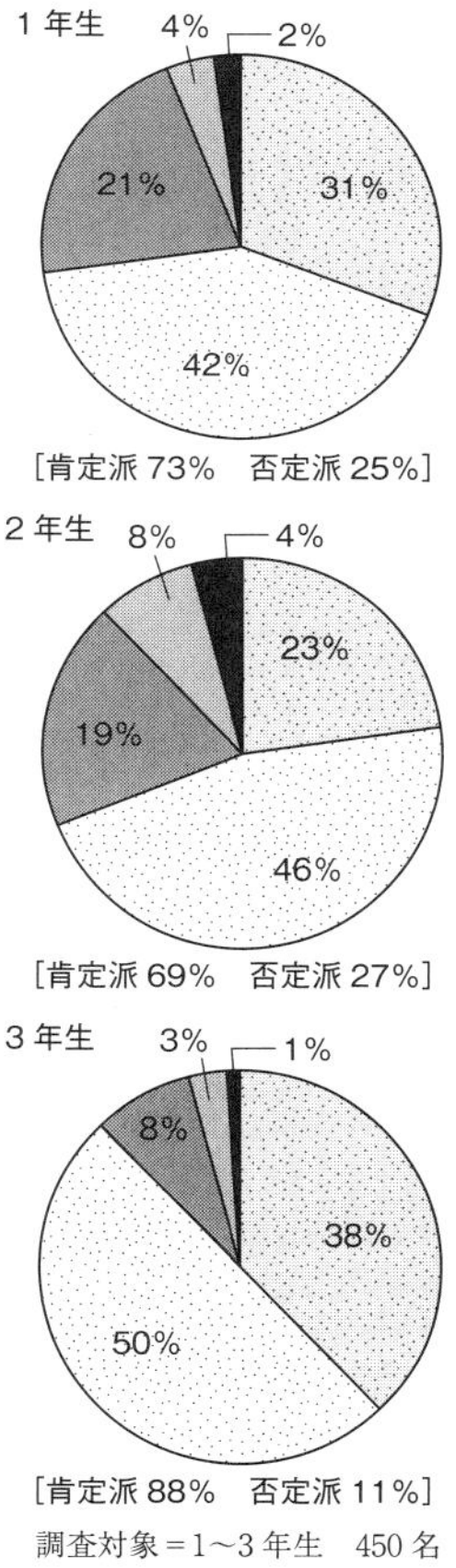

図 6-9「Q：意見の異なる人と、調整をしながら、問題解決をできますか？」

図 6-8「Q：よのなか科で学んだことは、自分の将来に生かすことができますか？」

この際に大事なことは、賛成反対、許す許さない、といった、二項対立の図式で話し合いを終わらせないことです。生徒は、自分の意見だけを主張し、相手を論破したがりがちです。しかし、相手の意見にも、しっかりと耳を傾け、自分の意見と調整しながら、最終的には、解決の方向性を探っていけるように、授業を進行していきます。

前ページの図6－8、図6－9の調査は、和田中の全校生徒にとった、アンケート調査の結果です。

平成25年度、都立高校の「集団討論」試験で出題された問題とは？

平成25年1月から行われた東京都立高校の推薦入試では、「集団討論」がその試験科目になりました。これは、従来の集団面接ではなく、5〜6人が、一つの問題について話し合いをするという、まさに、「コラボレーション力」が試されるものです。つまり高校受験に合格するためにも、コラボレーション力は必須となったのです。

学校としては、万全の準備をさせて、集団討論に挑ませました。集団討論の試験を受験する約50名には、年の明けた1月の試験の3週間前から、集中的に練習を行いました。生徒達には、討論の前に、あらかじめ、採点されるであろう、3つのポイントについて、伝えました。
①まずは、相手の意見に耳を傾けること。
②自分の意見は、相手の意見を踏まえて、発言すること。
③全体の話し合いがまとまらなかったら、個々の意見を要約して、調整役（仲裁役）になること。

以下、実際の平成25年度の都立高校推薦入試の集団討論で出されたテーマの一部を紹介します。

□街にゴミ箱はある方がよいか？　それともない方がよいか？（※）
□電車やバスの優先席は、必要だと思いますか？
□コンビニエンスストアなどでの24時間営業の良い点と悪い点は？
□これからの社会で、活躍できる社会人に必要な力は何か？（※）
□20歳から18歳へ、投票権を引き下げることを、どう思うか？（※）
□高校生がアルバイトすることを、あなたは認めますか？

□芸術で震災から復興するには、どうしたらよいか？
□国境を無くし、世界は一つになれるか？
□インターネットを利用した調べ学習について、どう思うか（※）
□今よりも身の回りのルールを増やした方が快適に暮らせますか？　減らした方が快適ですか？（※）
□携帯型音楽プレーヤーや漫画を持ちこむことを、学校が禁止すべきだという意見について、どう考えますか？（※）

（※）は、よのなか科で議論した内容と近いものです。

また、図6－10に示した3つの調査は、集団討論試験が終わった直後の3年生の生徒約50名のアンケート結果です。多くの生徒が、自分の力を発揮できたようです。

ある生徒の感想文には、

「試験官から、『20歳から18歳へ、投票権を引き下げることに、あなたは賛成ですか？』という、よのなか科で行ったのと全く同じ設問がされ、『しめた』と思いました。でも、調子に乗って、しゃべりすぎてしまったかもしれません」

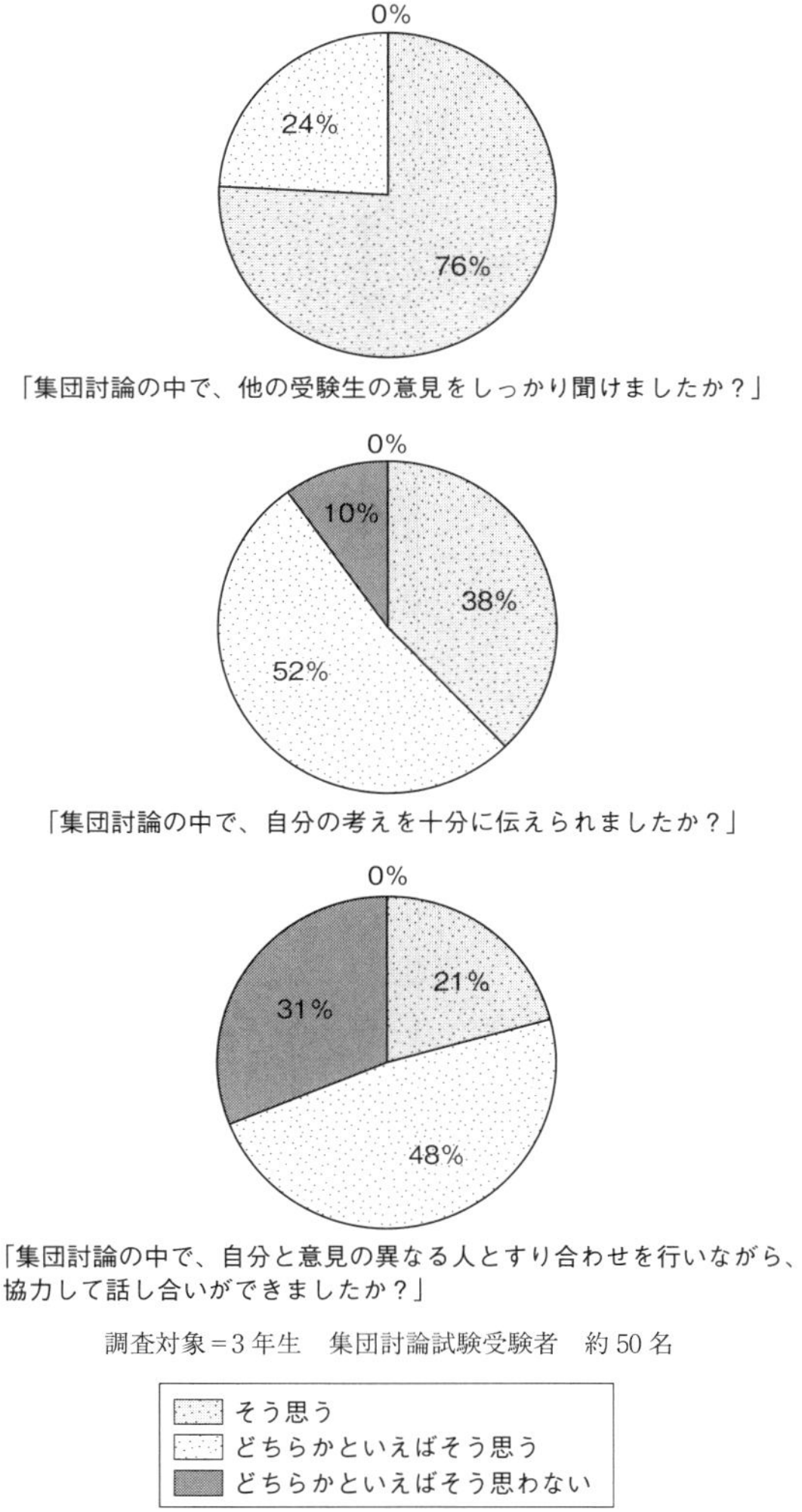

調査対象＝3 年生　集団討論試験受験者　約 50 名

図 6-10　集団討論試験後のアンケート結果

というものもありました。

いずれにせよ、高校入試で、この「コラボレーション力」が試されるようになった、ということは「中学生は、この力を身につけなければならない」と高校側から示されたようなもので、今後の授業のあり方にも影響を与える、画期的なことだと思います。

「学びに対する意欲」と「学力」の関係

平成20年4月に入学してきた新入生は、私と一緒に和田中の門をくぐった、いわば、同期生でした。卒業するまでの3年間で、彼らがどんな風に成長していくのか、とても楽しみでした。

図6-11は、彼らの「学びに対する意欲」が、3年間で大きく変化をしていることを示しています。「興味をもったものは、進んで勉強する」とか、「根気強さがある」という生徒が、圧倒的に多くなっています。また、「考えるだけでなく、理由や考え方も大事」と考える生徒も、マイナスから大きくプラスに転じています。

これらの「興味をもつ」ことや「根気強さ」といった「学びに対する意欲」を、「非認知能力non cognitive ability」と呼ぶのですが、これは、学力と相関が強いことが分かって

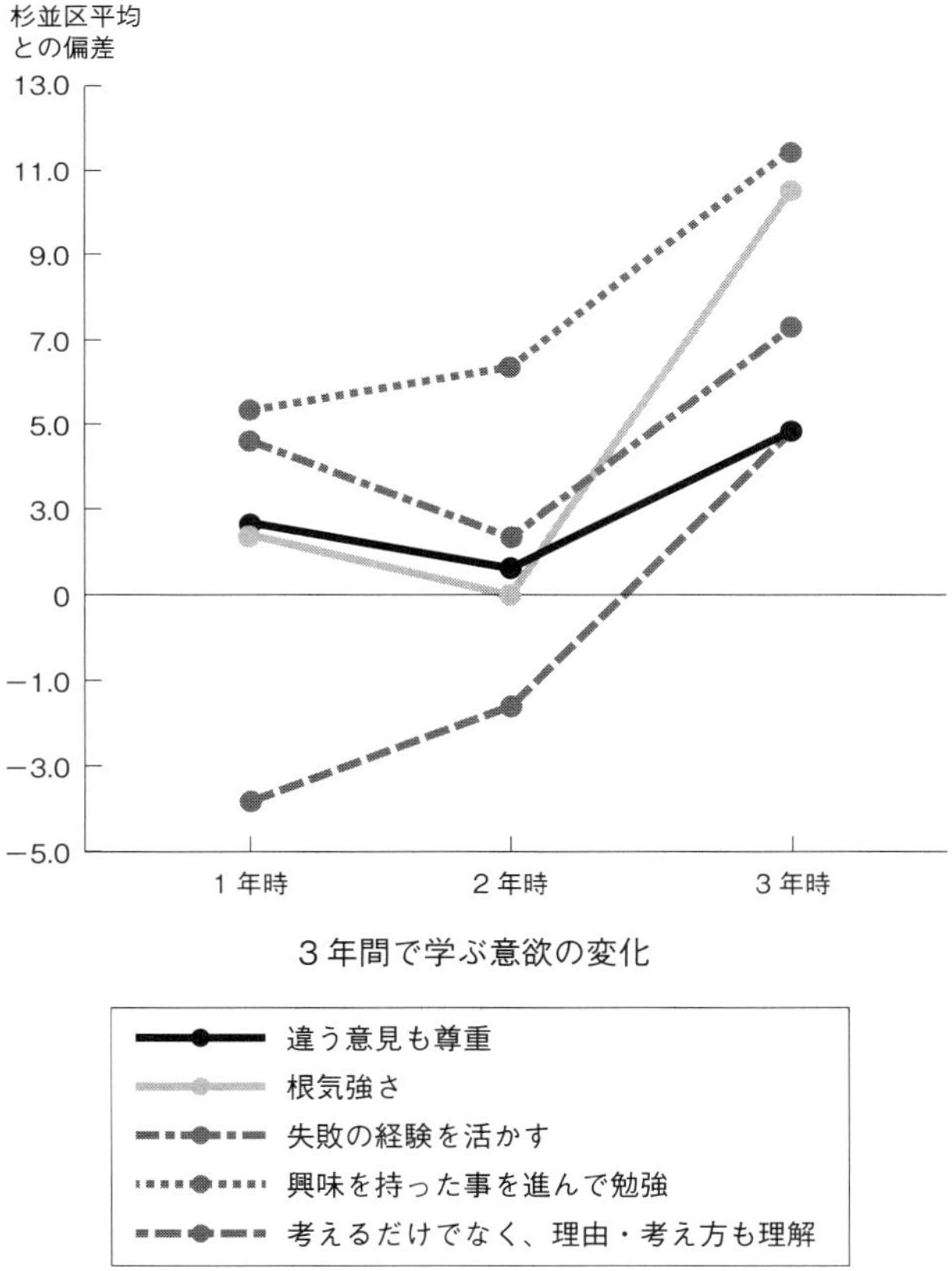

図 6-11　平成 20 年度入学者の「学びに対する意欲」の変化

きています。

つまり、この「学びに対する姿勢」を変えること、具体的には、「やる気のスイッチ」を入れることができれば、学力を上げることが可能なのです。

では、どうしたら、「やる気のスイッチ」を入れることができるのでしょうか？


これが分かれば苦労はありませんが、それでも、その方法論は、3つあります。

まず、一つ目が「競争動機」と呼ばれるもの。あいつに負けたくないとか、クラスでトップになりたいとか、偏差値の高い学校に行きたいとか、競争して勝つことの喜びを動機として、勉強に向かう方法です。

二つ目が「理解動機」。分からない問題が解けるようになった、自分でうまく説明ができた、など、分からないことが分かるようになった時の喜びを動機としたものです。

そして、三つ目が「感染動機」です。

理屈抜きでスゴイ。あんな人になりたい。憧れの人との出会いによって、学習のモチベーションが向上することを、感染動機といいます。

私は、この3つの中でも、特に感染動機が大事だと思っています。

というのも、学校には、生徒が感染する機会が、多くないからです。教員は、教えることのプロフェッショナルであっても、残念ながら、社会経験の幅は広くありません。「これからは、グローバルな世界で生きて行かなくてはならない」と伝えたいのであれば、教員よりも、海外をまたにかけて仕事をしている商社マン、外交官を呼んできて熱く語ってもらったほうが、よっぽど感染力があるのです。

また、「競争動機」や、「理解動機」にくらべ、「感染動機」は、持続性があります。「競争動機」であれば、その喜びは勝った瞬間であり、「理解動機」であれば、分かった瞬間です。ところが、「感染動機」は、心の中で「あの人のようになりたい……」と思い続けることで、長い間、動機づけすることができるのです。

和田中のよのなか科は、3年間で約50名ものスゴイ大人に出会えるのですから、この意味でも、強い動機づけになったのではないかと思っています。

学力を向上させるために、主体的な意欲を育む

以上、これまで述べてきたように、親や教員が「勉強しなさい」とだけ言っても、学力は向上しません。

学力を向上させるためには、様々なものを組み合わせて、生徒の自らのやる気を高めることが必要であり、柔道にたとえれば、「5〜6個の合わせ技で、一本を取るようなもの」だと考えています。

例えば、親や学校が子供に対して、携帯電話の使用を制限したとします。こうした対処は、親の立場から、携帯におぼれてしまわぬように、予防策としては大事なことです。しかし、これだけでは、強制的に抑圧しているだけで、本質的な解決はされません。

今の子供達が「ネット依存」に陥るのは、ネットでしか本音が言えないとか、ネットでつながっていないと不安だとか、人と人との対面でのコミュニケーション力が脆弱なことが原因です。この問題を根本から解決するには、ネット上でのコミュニケーションよりも強靭な、人と人とのつながりを築いていかなくてはなりません。

そこで、意見の違う相手でも堂々と話し合える力、コラボレーション力を高める必要があるのです。そうしなければ、「ネット依存」からは抜け出せません。

さらには、川島隆太教授のような、子供から見ても凄そうな感染力を持った人から「君たち、頭がよくなりたければ携帯ゲームはしないように」などと言われることが大事なのです。

こうして初めて、自ら携帯を止められる勇気と、自ら勉強に立ち向かえる気持ちを持てるのだと思います。

この章では、データで実証された学力とさまざまな要素の相関関係について、紹介してきました。最後に、これらの説明をふまえて、早期教育や中学受験について私見を述べたいと思います。

私は、早期教育や、私学の中学受験の過熱ブームに関しては、疑問を持っています。早期教育や、中学受験を完全に否定しているものではありませんが、これらの選択に関していえば、ほとんどの場合、子供が行っているものではありません。子供にはまだ客観的に判断する能力はなく、親の判断によるものです。従順な子供、早熟な子供、さらには、本人の適性に合っていればいいのですが、次第に自我が芽生えてきて、その選択に違和感を持つようになったら、犠牲にしているものが大きすぎるような気がします。

私は、自らの湧き上がるような意欲をもって勉強に取り組み、3年間で劇的に成長する骨太の中学生を、数多く見てきました。小学生までのびのびと生活しながら、急にやる気をだして一流と呼ばれる高校、大学に進学してしまった生徒を、小学生の時に外で遊ぶこともせず塾に通い、中学校受験をして私立中学へ進学した子供が見たら、どう思うのか、心配になることさえあります。

私達、学校や大人が、子供達にしてあげられることは、大人への自我に目覚める時期に、やる気にスイッチを入れさせること。「将来は、あんな人のようになりたい」「そのために、勉強をしたい」という意欲を育むことだと思います。

※8 「NIE 教育に新聞を」http://nie.jp/

【章末参考資料「テキストアナリシス」】

（i）テキストアナリシスの手法：文章の内容やコミュニケーションの内容などの定性的な言語、記述データを数値に変換し、定量的に評価、分析する方法。

（ii）「よのなか科」の授業後の論文へのテキストアナリシスの導入手順：①生徒個人の自由記述の論文をすべて、分析データとしてセンテンス（1文）ごとに分ける。②分けられたセンテンスごとに、第一評価基準の詳細な約30の能力に照らし合わせ、評価を行う。※一つのセンテンスに複数の能力が評価できる場合や、逆に何も評価できない場合もある。③約30の能力を類似したものは統合し、A：【社会との関心力】、B：【情報活用力】、C：【意見構築力】、D：【コラボレーション力】、E：【意思決定と行動力】の5つに集約する。

(iii) テキストアナリシスの具体例（生徒の自由記述より）

①「iPS細胞が、医療の進歩を果たす一方で、倫理的な問題があることを学んだ。これからも、科学の進歩が、人間の考え方にどういった影響を及ぼしていくのか、興味深く見守りたい」傍線部分を、A：【社会との関心力】、D：【コラボレーション力】と評価。

②「瓦礫処理といったような難しい問題には、賛成、反対の意見が必ず出ることが分かった。こうした問題を解決するためには、住民が話し合いの機会を多く持つことが大事だと思う」傍線部分を、D：【コラボレーション力】と評価。

※上記調査は、慶應義塾大学湘南藤沢キャンパスの研究チームの協力を得て行った。

むすびに　これからの校長の仕事とは

「一生懸命に勉強して、いい学校に行けば、幸せな人生を送れる」。

かつては当たり前だった考え方が、すでに崩壊していることを、子供達も気が付いています。だから、親や教員の言う、「勉強をしなさい」「いい学校に行きなさい」という言葉を、子供達が、なんとなく嘘くさく感じてしまうのは、無理もないと思います。

それでは、これからは、どのように子供達と向かい合っていけばよいのでしょうか？

この本のむすびに、和田中での校長の経験を踏まえ、保護者のみなさんに伝えたいことを話します。

学校では教えてくれない、大事なこと

私が民間人として校長になった時に、ひとつの確かな思いがありました。

それは、「学校では教えてくれないこと、でも、社会では知っておかなければならないことを、伝えたい」という思いでした。

私は、大学卒業後、会社に入社してモーレツサラリーマンとなりました。「名刺獲得キャンペーン」と称した飛び込み営業にも、「くそ」が付くくらい真面目に取り組みました。

また、3ヵ月ごとの売り上げ目標の達成のために、月末には、社長の自宅に夜討ち朝駆け

もしました。

それでも、こうした努力が、結果に結びつくことはなかなかありません。社会においては、正論ばかりが通用しないし、理不尽なこともまかり通っています。善悪の区別がはっきりしないようなことさえあるのです。

そして、会社を退職し、自分で会社経営を始めました。しかし、当初は資金繰りが大変で、社員に給与を支払うのが精いっぱい。自分には給料が支払えない状態が1年ほど続きました。給料が支払われるということがいかに「有り難い」ことか、この時、初めて知りました。

外国との商売は、自分の英語力で勝負しました。自分の言いたいことがどうして伝わらないのだろう、といつも苦悩していました。しかしその原因は、自分の語学力が足りないばかりではなく、海外の人々との考え方の違いを認めないといけないことを理解しました。

こうした間に、就職を希望する多くの学生にも会いました。就職環境が厳しいなかで、採用基準に達しない、つまり、そのままでは社会で通用しない多くの学生を目の当たりにしてきました。かつては、入社後に、社内研修などで成長させてもらう機会がありましたが、今や、企業にもそんな余裕がありません。さらにこれからの職場でライバルとなるのは、日本人だけでなく、勤労意欲に満ち溢れたアジア諸国や世界の人たちです。

子供達が出ていくこれからの社会は、絶望的ではありませんが、ユートピアでもありません。こうした社会の現実や10年先の未来予想図を、学校では教えてこなかったことが問題なのです。

これからは、将来を見据えた教育をする必要があります。

「中学生から将来の職業のことを考えるなんてまだ早い」「学校は学問を教えるところで、仕事を教えるところではない」と言う教育関係者もいるかもしれません。もちろん、中学の時に将来の仕事を決める必要はないし、その仕事が見つからないといって焦る必要はないと思います。

しかし、これから社会に出るまでのおよそ10年間の歳月を、自分の将来をイメージして努力をするのと、あるいは、社会への興味も関心もなく、学校さえ卒業すればいいと、ぼんやりと過ごしていくのとでは、学問への取り組み方、そして、仕事の選択肢も、随分と違ってくるのではないでしょうか。社会に出るまでに十分な時間があり、大人になるための原型がつくられる中学生のときだからこそ、考え始めることが大切なのです。

それでは、これからの社会で求められる人材とは、どんな人材なのでしょうか？

経済が成長した20世紀の終わりごろは、社会全体が豊かになることで、価値観は多様化し、個人主義が浸透していきました。ところが、21世紀に入り、経済の合理性だけでは上手くいかないことや、個人主義化した社会のマイナスの部分も露呈されてきました。国際社会に目を向ければ、対立や紛争、資源の搾取が巻き起こり、環境破壊にも歯止めもかかりません。

このような社会になってくると、自分の意見を一方的に主張しているだけでは、対立を深めるだけです。意見の違う相手とも合意形成をはかり、コミュニケーションがとれる人材。すなわち、対立を生み出すのではなく、対立を解決できるような人材が必要なのです。

「自立」するということ

私は、そんな思いもあって、中学校では卒業式をゴールにするのではなく、子供たちが社会に出るところまでを見据えたい、と考えていました。

そこで、和田中学校では、

「自立貢献」～夢に向かって最善を尽くし、社会に貢献できる自立した人間であれ～

という、学校教育目標を掲げました。

誰もが口にして語れるシンプルな言葉にして、これから先、どんな力を身に着けていかなくてはならないのか、みんなで共有したいと思いました。

「自立貢献」。

私は、「自立」には、二つの意味が含まれていると考えています。

まずは、経済的な自立をすること。つまり、仕事を通じて自分でお金を稼ぐことができること。そして、もう一つは、精神的な自立をすること。他人に依存せずに行動できる強さを持つことです。

この「自立」することを目標にすれば、中学校での3年間の教育のあり方は、少し違って見えてくるのではないでしょうか？

確かに、勉強すること、知識を習得することは大切です。しかしながら、いつまでも誰かに強制されてやっていたのでは全く意味がありません。勉強への意欲を育み、よのなかを生き抜いていく強さ、もう少し乱暴に言えば、メシを食っていくことの大事さを、自分の将来のこととして実感できるように、教えていく必要があるのです。

「空腹の人に魚を与えれば1日で食べてしまうが、魚の釣り方を教えれば一生食べていける」。

なるほどと思わせる、おなじみの説話です。しかし、今の時代にあっては、「魚の釣り方を教える」ことさえも、ちょっと違うのではないでしょうか。つまり、「魚の釣り方」を教えたところで、時代の進歩のなかで、そのやり方自体が古くなれば、すぐに魚が釣れなくなってしまいます。もっとも必要なのは、「自分で魚を獲ろう」という意欲、そして、「自分で魚を獲る方法を学ぼう」という意欲を育むことだと思います。

「貢献」するということ

「自立貢献」。

私は、自立するためにこそ、「貢献する」力が必要だと思っています。

ここ20年、自分で稼げない若者と、自分のことしか考えない自己中心的な若者を、社会は大量に生み出してきてしまいました。

この、自分で稼ぐことができないことと、自分のことしか考えないことは、実は、コインの裏と表の関係にあります。すなわち、自立できない理由の多くは、他者や社会に対して貢献する力がないからなのです。

「マネジメントの父」とも呼ばれ、20世紀を代表する社会思想家である、ピーター・ドラッカーは、「企業の目的は一つしかない。それは顧客を創造すること"create a customer"だ」と言いました。つまり、企業が成長するためには、自分の利益を追求することではなく、お客様との信頼の絆を結んでいくことが最も大切である、と説いたのです。

これを個人に置き換えれば、自分の人生を豊かに生きるためには、身近な人の役に立ち、周りの人から信頼され、自分の好きな人を幸せにできる力が必要です。そのためにも、ルールを守ること、挨拶をすること、身だしなみを整えること、こうした本当に小さなことから始まる、他人と共存して生きていくための社会性を身につけることが前提なのです。

私がビジネスの世界にいた時、「そのままでは社会で通用しない多くの学生を目の当たりにしてきた」と書きました。

そういった学生に共通するのは、就職試験を、あたかも高校や大学の入学試験の延長線上のように捉えていることです。彼らは、会社に入るためにはどんな問題をクリアすればいいか、どんな正解が求められているのか、そんなことで頭を悩ませています。そこには、自分が社会でどのように貢献できるのか、「公《おおやけ》」という視点が全くありません。だからこそ、私は社会に貢献できる自立した青年を育成することが、教育の最終目標なのだと思います。

校長の仕事とは

さて、これまで、校長の様々な仕事について話をしてきましたが、最後に、これからの時代に求められる校長の仕事について考えてみます。

「この国には何でもあります。本当にいろいろなものがあります。だが、希望だけがない」と言ったのは、作家村上龍氏の小説『希望の国のエクソダス』に登場する中学生です。

私は、5年間、中学校の校長を務めてみて、今の子供達には、希望がないとは思いませんでした。昔も今も、多くの子供たちは、様々な悩みを抱えながらも、夢や希望を持って生きていると思います。

しかし、昔と違うのは、今の時代は、今日よりも明日、明日よりも明後日のほうがよくなるという前提がくずれていることです。富の分配を考えてきた20世紀から、負担の按分を考えなければならない21世紀へと突入しています。幸せな人生を送るための道筋は、なかなか見えません。

それゆえに、子供に限らず、大人でさえも、これからの人生をどう生きていくのか、漠然とした不安を抱えながら生きています。

だからこそ、これからの学校は、子供達の「希望」を育む場所へと進化していく必要があると思っています。

「希望」を育むとは、「これから、こんなふうに生きてみたい」という志を育むこと。そして、「様々な問題が訪れようと、それらを自分で解決できる」という自信とたくましさを身につけさせることです。

私は、こうしたことができる場所は、地域の人たちに支えられ、多様な子供達が集う「学校」でしかないと思います。保護者、地域、企業、そして学校が、自己を優先するのではなく社会的に結合して一つの共同体になれば、学校は、家庭や塾にはできない、「希望」を育む場所になっていくことができるのです。

校長の仕事とは、みんなの力を結集させ、未来を担うすべての子供たちの「希望」を育むことだと思います。

謝辞

本書の刊行にあたっては、校長という仕事をする機会を与えてくださった藤原和博元校長先生、そして、社長が突如いなくなるというのにもかかわらず、背中を押し、応援をしていただいたトップアスリート社の皆さまに感謝します。

そして、教員経験のない校長を暖かく支えていただいた方々に深く感謝します。

和田中の先生方、特に副校長であった末吉雄二先生、石田光男先生、小澄龍太郎先生、挑戦好きの校長を忍耐強く助けていただき、ありがとうございました。保護者のみなさんとは、苦しいこと、辛いこと、楽しいこと、たくさんの感動を共有できたことを幸せに思っています。よのなか科に来ていただいた数多くのゲスト講師の皆さま、デジタル教育、部活イノベーション、夜スペなど、公教育の発展のために尽力していただいた企業の方々に感謝します。また、松原真倫さんを中心とした慶應義塾大学湘南藤沢キャンパスの研究チームには、和田中の魅力を客観的に分析していただきました。そして、最も長い時間、和田中のために情熱を注いでいただいてきたのは、間違いなく、衛藤寿一さん、高木弘子さん、深田悦之さん他、地域本部のみなさんです。本当にありがとうございました。

それから、生徒のみんなには、元気を与えているようで、実はそれ以上のエネルギーをもらっていました。君たちと過ごした時間は、永遠の宝物です。ありがとう。

作家村上龍さん、スズキインターナショナル鈴木智之前会長、井出隆安杉並区教育長、東北大学川島隆太教授、希望学の玄田有史東大教授。そして、小学校、中学校時代の恩師の先生方、特に小学校の担任であった熊谷毅先生。「教育とは何か」ということに対して、自分なりの考えを持てるようになりました。ありがとうございました。

最後に。私が教育者を名乗れるかどうかは別として、教育好きのＤＮＡを育くんでいただいた父と母、そして家族に、心より感謝します。

２０１３年12月

代田昭久

講談社現代新書　2245

校《こう》長《ちょう》という仕《し》事《ごと》

二〇一四年一月二〇日第一刷発行

著者　代《しろ》田《た》昭久《あきひさ》　

発行者　鈴木　哲
発行所　株式会社講談社
東京都文京区音羽二丁目一二―二一　郵便番号一一二―八〇〇一
電話　出版部　〇三―五三九五―三五二一
販売部　〇三―五三九五―五八一七
業務部　〇三―五三九五―三六一五
装幀者　中島英樹
印刷所　大日本印刷株式会社
製本所　株式会社大進堂
定価はカバーに表示してあります　Printed in Japan

N.D.C.374　261p　18cm
ISBN978-4-06-288245-3

「講談社現代新書」の刊行にあたって

教養は万人が身をもって養い創造すべきものであって、一部の専門家の占有物として、ただ一方的に人々の手もとに配布され伝達されうるものではありません。

しかし、不幸にしてわが国の現状では、教養の重要な養いとなるべき書物は、ほとんど講壇からの天下りや単なる解説に終始し、知識技術を真剣に希求する青少年・学生・一般民衆の根本的な疑問や興味は、けっして十分に答えられ、解きほぐされ、手引きされることがありません。万人の内奥から発した真正の教養への芽ばえが、こうして放置され、むなしく滅びさる運命にゆだねられているのです。

このことは、中・高校だけで教育をおわる人々の成長をはばんでいるだけでなく、大学に進んだり、インテリと目されたりする人々の精神力の健康さえもむしばみ、わが国の文化の実質をまことに脆弱なものにしています。単なる博識以上の根強い思索力・判断力、および確かな技術にささえられた教養を必要とする日本の将来にとって、これは真剣に憂慮されなければならない事態であるといわなければなりません。

わたしたちの「講談社現代新書」は、この事態の克服を意図して計画されたものです。これによってわたしたちは、講壇からの天下りでもなく、単なる解説書でもない、もっぱら万人の魂に生ずる初発的かつ根本的な問題をとらえ、掘り起こし、手引きし、しかも最新の知識への展望を万人に確立させる書物を、新しく世の中に送り出したいと念願しています。

わたしたちは、創業以来民衆を対象とする啓蒙の仕事に専心してきた講談社にとって、これこそもっともふさわしい課題であり、伝統ある出版社としての義務でもあると考えているのです。

一九六四年四月　野間省一